Pe. JOSÉ RAIMUNDO VIDIGAL, C.Ss.R.

CAMINHAR COM
Jesus
NA TERRA SANTA

DIREÇÃO EDITORIAL:
Pe. Fábio Evaristo R. Silva, C.Ss.R.

CONSELHO EDITORIAL:
Cláudio Anselmo Santos Silva, C.Ss.R.
Ferdinando Mancilio, C.Ss.R.
Gilberto Paiva, C.Ss.R.
José Uilson Inácio Soares Júnior, C.Ss.R.
Marcelo da Rosa Magalhães, C.Ss.R.
Victor Hugo Lapenta, C.Ss.R.

COORDENAÇÃO EDITORIAL:
Ana Lúcia de Castro Leite

COPIDESQUE:
Sofia Machado

REVISÃO:
Luana Galvão

DIAGRAMAÇÃO:
José Antonio dos Santos Junior

CAPA:
José Antonio dos Santos Junior
Maurício Pereira

As citações bíblicas são tiradas da Bíblia de Aparecida, Editora Santuário, 2006.

Dados Internacionais de Catalogação na Publicação (CIP) de acordo com ISBD

V653c	Vidigal, José Raimundo
	Caminhar com Jesus na terra santa / José Raimundo Vidigal. - Aparecida, SP : Editora Santuário, 2020. 176 p. ; 14cm x 21cm. Inclui índice. ISBN: 978-65-5527-012-9 1. Cristianismo. 2. Jesus. 3. Terra Santa. I. Título.
2020-1135	CDD 240 CDU 24

Elaborado por Vagner Rodolfo da Silva - CRB-8/9410

Índice para catálogo sistemático:
1. Religião : Cristianismo 240
2. Religião : Cristianismo 24

1ª impressão

Todos os direitos reservados à EDITORA SANTUÁRIO – 2020

Rua Pe. Claro Monteiro, 342 – 12570-000 – Aparecida-SP
Tel.: 12 3104-2000 – Televendas: 0800 - 16 00 04
www.editorasantuario.com.br
vendas@editorasantuario.com.br

Prefácio

Deus disse a Abraão: "Sai de tua terra, do meio de tua família e da casa de teu pai, e vai para a terra que te mostrarei" (Gn 12,1). Abraão confiou e seguiu; deixou para trás seu universo conhecido – Ur dos Caldeus! – e colocou em evidência como a vida de fé na Palavra é uma peregrinação: aquela do povo eleito, da humanidade e de cada fiel batizado. A "Terra Santa", além de qualquer fronteira geográfica, anuncia a Palavra Sagrada e convida todos a uma especial aventura espiritual para se encontrar com Deus, consigo mesmo e com os irmãos e as irmãs na fé.

Desde os tempos pré-históricos, a religião motivou deslocamentos para lugares de referência às manifestações divinas. No ocidente, desde a Mesopotâmia até à Grécia clássica, o sentimento religioso sempre esteve na origem das peregrinações e mobilizou milhões de fiéis que procuravam expressar suas crenças.

A peregrinação é uma experiência fundamental e fundante do fiel, porquanto ele realiza uma caminhada em busca de sentido. Assim se expressou São João Paulo II: "Pondo todo o seu ser a caminho, seu corpo, seu coração e sua inteligência, o homem se descobre buscador de Deus e peregrino do eterno". É o "homo viator" – homem a caminho! –, o eterno peregrino passante nesta terra até chegar ao seu destino, à eternidade.

Empreender uma viagem religiosa requer preparação para deixar o cotidiano, romper com a comodidade do lugar comum e dispor-se a ver, ouvir, tocar e sentir o inusitado que o caminho, passo a passo, descortina. Especialmente quando o "lugar" a ser visitado é a História da nossa Salvação, ou seja, o palco do peregrinar de Deus, por veredas humanas, e do caminhar da humanidade nas sendas dos mistérios divinos.

O enredo é a História – com "H" maiúsculo! – de um amor fiel, que se reinventa teimosamente, narrado em capítulos de extremada dramaticidade e poética beleza, com lances de heroicidade e pusilanimidade, entre luzes e sombras, em que o "protagonista" sempre toma a iniciativa e cada personagem é desafiado a escolher, na liberdade, o próprio epílogo.

O cenário dessa epopeia é o Médio Oriente, região de lutas e labutas, de ontem e de hoje, terra onde o Deus único se deu a conhecer e concretizou seus feitos a favor do Povo que escolheu. Chegada a "plenitude do tempo" (Gl 4,4), ali se encarnou, pisou o chão duro da humanidade, morreu e ressuscitou.

No presente livro, o leitor é convidado a viajar nesse universo bíblico, fazer um estudo exegético situado, viver uma profunda experiência de fé e atualizar a História da Salvação, de Abraão, o pai da fé, a João Batista, o último dos profetas; da expectativa pela vinda do Messias até sua vida pública: a paixão, morte e o alvorecer da ressurreição; do tempo apostólico e da Igreja nascente ao testemunho cristão hodierno, desafiado pelos muros que separam Israel e a Palestina, na fraticida luta entre judeus, cristãos e muçulmanos.

A obra é fruto de experiências vividas, do estudo acurado da Palavra de Deus, da oração pessoal e do coração

Prefácio

missionário do Padre José Raimundo Vidigal, redentorista, catedrático em Sagrada Escritura pelo Pontifício Instituto Bíblico, em Roma, e pela Escola Bíblica Dominicana, em Jerusalém. Nas instrutivas páginas que se seguem, o autor não guarda para si os tesouros que descobriu e, com a paixão de professor e o amor de mestre, pedagogicamente os revela para que outros possam se encantar e também se saciar nas mesmas fontes.

Os alunos de teologia, as lideranças leigas de nossas comunidades, os estudiosos das Sagradas Escrituras e até turistas em geral terão, neste livro, um preciso subsídio e imprescindível referência. Quem já peregrinou pela Terra Santa atualizará suas lembranças e experiências de fé. Aquele que não teve essa graça é brindado, por meio destas páginas, com a oportunidade de percorrer os sagrados caminhos. Ainda, quem pretende lá estar encontrará, neste novo "codex calixtinus" – o primeiro orientador do peregrino! –, um inigualável roteiro dos lugares santos e guia espiritual.

Boa leitura... orante!

Diamantina, MG, 1 de maio de 2020
† Darci José Nicioli, C.Ss.R.
Arcebispo Metropolitano

Apresentação

Quanta gente, depois de uma visita à Terra de Jesus, retorna radiante, dizendo que sentiu uma real transformação em sua vida! A história bíblica e principalmente as páginas do Evangelho ganham novo sentido, um sabor de realismo. Personagens e lugares tornam-se íntimos, como velhos conhecidos. E tem aquela emoção, simplesmente indescritível, que se sentiu nos lugares santos, emoção que nos acompanha por toda a vida.

Se uma peregrinação de poucos dias tem um efeito tão milagroso, quem dirá a maravilhosa experiência de residir um ano em Jerusalém, estudando a Mensagem de Deus em palavras humanas que está na Bíblia! Foi uma das maiores graças que recebi em minha vida, pela qual sou infinitamente grato a Deus e à Congregação Redentorista, que me destinou para aprofundar meu conhecimento da exegese, como futuro professor de seminaristas.

Foi assim que vivi em Jerusalém, nos abençoados anos de 1966-67, como aluno da Escola Bíblica dos Padres Dominicanos, com outros colegas de oito nacionalidades, inclusive brasileiros. Os Frades nos acolheram em seu convento, e assim vivemos lado a lado com os mais brilhantes pesquisadores das ciências bíblicas da época, aqueles justamente que nos legaram a inovadora Bíblia de Jerusalém, um marco extraordinário da exegese contemporânea.

Mais tarde, quando morava em Roma, tive mais duas oportunidades de regressar à Terra Santa. Primeiro, foi com um grupo de padres estudantes latino-americanos na Páscoa de 1985, sob a orientação competente de Frei Efrem Ravarotto, OFM; depois, no Natal de 2008, com mais três Redentoristas brasileiros, tomei parte em uma romaria de italianos. Recordo esses dias como tempos de graças e bênçãos.

Duas palavras de Jesus me vêm à mente quando me lembro dessas ricas experiências: "Àquele a quem muito se deu muito será pedido" (Lc 12,48) e "Vai para casa, para junto dos teus e anuncia-lhes tudo o que o Senhor fez por ti" (Mc 5,19). Isso me faz sentir que tenho uma dívida para com o Povo de Deus. Preciso transmitir o que Deus me fez ouvir e ver, refletir e viver. Embora certas experiências sejam difíceis de comunicar, com certeza muita gente poderá crescer no conhecimento e no amor da Palavra de Deus ao me acompanhar por este chão sagrado.

Vamos então andar pela Palestina com a Bíblia na mão. Caminhar por suas estradas, meditando sobre os fatos da história da salvação que ali sucederam. A Palestina toda é uma Bíblia aberta. Pode-se dizer que, em cada pequena porção do território, houve um acontecimento narrado na Bíblia que aí se deu. E há lugares privilegiados que concentram uma grande quantidade de eventos sucedidos em diferentes épocas. Dizia o Dominicano Pe. Lagrange: "As páginas da Bíblia se encontram na Palestina, vista com os olhos bem abertos". Guardei bem na memória este detalhe: "com os olhos bem abertos". Tudo é importante para se ver e admirar.

Cada lugar vai deixando em nós sua mensagem. É que em nossas visitas os personagens bíblicos continuam a nos falar. E espontaneamente brotam em nosso coração uma prece, um hino, pois queremos responder com a oração àquilo que estão dizendo. Este livro é a soma de tudo isto: viagens, descobertas, memórias, surpresas, reflexões sobre os fatos e lugares da revelação judaica e cristã. Venha comigo, venha escutar o que a Terra Santa tem a nos dizer.

O autor

1
Com os Patriarcas em Hebron
Gratidão a nossos Pais na Fé

A 28 km ao sul de Jerusalém está Hebron, cidade de 220 mil habitantes, edificada sobre as montanhas de Judá, a 927 m de altitude. Economicamente próspera, gerando cerca de ⅓ do produto interno bruto da região, vive do cultivo de frutas, da exploração de jazidas de calcário e das indústrias de laticínios, cerâmica e vidro. Sua administração está repartida entre a Autoridade Palestina (80% da cidade) e o Estado de Israel (20%).

O local entra na história bíblica com Abraão, que acampou "junto ao Carvalho de Mambré, que está em Hebron" (Gn 13,18). Seu nome primitivo era *Kiryat Arbe*, "Cidade dos Quatro", e, conforme Nm 13,23, havia sido fundada sete anos antes de Tânis do Egito. É uma das cidades mais antigas do mundo. Os arqueólogos confirmaram que o local já era habitado no período do Bronze Antigo, ou seja, em 3.000 a.C. Os árabes dão à cidade o nome de *Al-Khalil*, "o Amigo", em referência a Abraão, que é chamado "Amigo de Deus", inclusive na Bíblia (Is 41,8; Tg 2,23). Hebron é também nome de pessoa na Bíblia: é um neto do patriarca Levi (Nm 3,19). A cidade não é citada no Novo Testamento, mas teve grande importância no Antigo.

A 3 km ao norte de Hebron, está o sítio arqueológico chamado *Ramat Al Khalil*. Foi lá, junto ao Carvalho de Mambré, que Abraão recebeu a visita de Deus sob a forma de três homens, que foram acolhidos com toda a hospitalidade proverbial dos beduínos (Gn 18,1s). Foram eles que lhe anunciaram a tão esperada notícia: "Daqui a um ano tua esposa Sara terá um filho".

As escavações no local revelaram a existência de um santuário construído pelo rei Herodes e de uma basílica bizantina, que está representada no Mapa de Madabá, cidade a 35 km de Amã. A igreja foi destruída em 638, mas há indícios de que os Cruzados a reedificaram. Essas foram as conclusões a que chegaram os arqueólogos que escavaram o local entre 1926 e 1928. Hoje, o peregrino encontra em Mambré restos de um pavimento e de muros com pedras colossais.

Deus prometeu dar a Abraão toda aquela terra que ele estava vendo (Gn 13,15), mas a promessa tardava a se cumprir. Quando morreu Sara, sua esposa, ele não era dono de nada, nem de uma pequena área onde pudesse sepultá-la, e teve de comprar uma gruta, a gruta de Macpelá, sua primeira propriedade na Terra Prometida.

Mais tarde, na mesma gruta, foram sepultados ele próprio, Isaac e Rebeca, Jacó e Lia. O imenso edifício onde estão os túmulos foi erguido pelo rei Herodes e mede 65 m por 35. Foi igreja no tempo dos Bizantinos e dos Cruzados, passando a ser mesquita em 1187. Os túmulos originais dos Patriarcas estão sob o pavimento e são inacessíveis. Na mesquita estão os cenotáfios (monumentos sepulcrais) recobertos de seda vermelha para os patriarcas e verde para suas esposas. Em uma capela anexa está o cenotáfio de José, cujo túmulo está em Siquém, na Samaria, a 1 km do poço de Jacó. Por isso, a cidade é sagrada para as três religiões monoteístas: para os judeus – a mais sagrada depois de Jerusalém –, para os muçulmanos é a 4ª cidade mais venerável e para os cristãos.

Perto de Hebron fica o Vale de Eskol, onde os exploradores israelitas, mandados por Moisés, recolheram um admirável cacho de uvas que precisava de dois homens para ser carregado (Nm 13,23). A figura deles com o cacho de uvas foi usada como símbolo na publicidade do Turismo de Israel. Foi também em Hebron que Davi foi ungido rei de Judá (2Sm 2,4) e lá reinou durante sete anos, até conquistar Jerusalém e transferir para lá sua capital.

Para nós, Hebron é um testemunho da fé que atravessa gerações: recebida de nossos pais, ela deve ser transmitida às novas gerações. Ela é a força que sustenta a caminhada de todo o povo eleito, como afirma a Carta aos Hebreus cap. 11.

Reze com a Igreja:

Ó Pai, que chamastes à fé os nossos Pais e nos destes a graça de caminhar à luz do Evangelho, abri-nos à escuta do vosso Filho, para que, aceitando em nossa vida o mistério da cruz, possamos entrar na glória do vosso Reino.

2
No alto do Monte Sinai
Silêncio que faz ouvir a voz de Deus

Em 1965, nas aulas de geografia no Pontifício Instituto Bíblico de Roma, ouvi do professor jesuíta Pe. Robert North, SJ, 1916-2007, que "unice mundi in Sinai videtur haec vetustissima pars crusti terrae". Sim, as aulas eram dadas em latim! Ele queria dizer que o Sinai é o único lugar do mundo onde se pode ver a mais antiga parte da crosta terrestre. Sem entender muito bem o que isso significava, ficou atiçada a minha curiosidade. Herança do período pré-cambriano, coisa de um bilhão de anos. E isso era apenas um detalhe. Eu me imaginei naquela montanha sagrada, onde Moisés tinha passado 40 dias ouvindo a voz de Deus, que lhe entregava a Lei de Israel.

Um ano depois, eu já estava morando em Jerusalém, matriculado na École Biblique dos Padres Dominicanos, e surgiu a ocasião de conhecer o Egito durante as férias de Natal. E lá fui eu, com outros padres estudantes e uma freira um pouco mais madura, a quem carinhosamente demos o apelido de *Ethérie la Jeune*, "a jovem Etéria", recordando a antiga personagem chamada Etéria ou Egéria, autora de um relato de peregrinação à Terra Santa no ano 380.

2 - No alto do Monte Sinai

Não havendo conosco um guia turístico, resolvemos repartir entre nós os locais a serem visitados, de forma que cada um explicaria aos colegas um deles. Coube a mim mostrar as belezas dos templos egípcios de Luxor e Karnak, de dois mil anos antes de Cristo.

Nossa viagem ao Sinai teve início na cidade de Suez, aonde chegamos de trem, vindo do Cairo. Às 4h saímos em cinco automóveis para o Sinai. Atravessamos o canal de Suez em uma balsa. Recebemos a informação de que o canal mede 193 km, tem a fundura de 24 m e a largura de 205 m. Como se sabe, ele é obra do século XIX e foi inaugurado em 1869. Atualmente há uma rodovia asfaltada que começa passando por baixo dele. Mas no ano 1966 nem estrada havia e o jeito era seguir o caminho das enxurradas, feito de areia e pedras entre raros arbustos. Como se podia esperar, nosso carro enguiçou várias vezes no trajeto. À certa altura, começaram a aparecer sinais de terra habitada: crianças com pasta na mão, saudando os visitantes, depois choupanas, palmeiras em torno de uma lagoa. Um oásis, que faz o deserto ganhar vida em um maravilhoso contraste! Ali no Oásis Feiran foi nosso almoço. Chegamos ao Sinai às 17 horas.

Aos pés do monte, estende-se uma vasta planície, onde, segundo a Bíblia, os israelitas acamparam enquanto Moisés subia à montanha e onde, depois, foi erguido o tabernáculo. A planície chama-se, em árabe, *Ar-Raha*, o repouso.

Pernoitamos no mosteiro Santa Catarina, construído aos pés do Sinai no século VI pelo imperador Justiniano. Na parte externa ele parece uma fortaleza, com seus muros altos. Pertence à igreja ortodoxa. Está a 1600 m acima do nível do mar. É dedicado à mártir Santa Catarina de Alexandria, porque diz a lenda que os anjos teriam levado para lá seu corpo.

O local do mosteiro seria o mesmo onde Deus apareceu a Moisés na sarça ardente (Êx 3,2). Por isso, sua espaçosa basílica é dedicada a Nossa Senhora, já que a sarça ardente é símbolo da virgindade de Maria. Esse título foi substituído depois pelo da Transfiguração e, mais tarde, pelo de Santa Catarina, quando no século VIII surgiu o relato da trasladação pelos anjos do corpo da mártir de Alexandria, ao pico mais alto do maciço do Sinai, o *Djebel Catherine*, de 2.637 m.

Era inverno, portanto a tarde já ia caindo. Mas ainda houve tempo para rezarmos uma emocionante Vigília Bíblica. E, depois, tentar dormir, com a grande expectativa da subida do Sinai.

Às 6h começamos a escalar o *Djebel Musa*, que em árabe significa "a montanha de Moisés". Na Bíblia ele tem dois nomes: Sinai e Horeb. Não é uma montanha isolada, é uma imensa e fascinante cordilheira de granito rosa. Seria essa a "crosta terrestre" de que falava meu Professor de Roma? O visitante já vai prevenido: são 4 mil degraus, percorridos em três horas de escalada, que compõem o chamado "Caminho de Moisés". O Sinai tem 2.286 m, o desnível é de 841 m a partir do mosteiro e a caminhada total é de 10 km. Mas, no vigor dos meus 28 anos e acostumado a escalar as serras mineiras, a subida para mim foi um passeio. Nossa colega *Ethérie la Jeune* foi a única que precisou alugar uma montaria. Subiu o Sinai majestosa, no alto de um camelo. No meio do caminho, está uma placa com a frase do Salmo 24,3s "Quem vai subir ao monte de Javé? Quem tem mãos inocentes e coração puro". Isso corresponde ao que disse Deus a Moisés: "Tira as sandálias dos pés, porque o lugar onde estás é uma terra santa" (Êx 3,5).

Tivemos como guia um beduíno muçulmano de 18 anos, que nos acompanhou descalço e sem comer e sem beber nada, porque era o tempo do Ramadã. Imitou Moisés. No topo do monte Sinai está a pequena Capela da Santíssima Trindade, construída em 1934, sobre as ruínas de uma igreja do século XVI. Lá no alto reina um silêncio impressionante, que nunca vi igual. A natureza parecia se calar, para nos deixar ouvir a voz do Senhor, que tinha falado a Moisés. O Sinai era todo nosso, estávamos sós, sem vendedores, sem outros visitantes...

Com uns poucos colegas mais animados, subi também o *Djebel Catherine*. Senti minha pulsação aumentar e tive tonteiras pouco antes de chegar lá em cima. Sim, nós tínhamos subido duas altas montanhas! Em ambas havia bastante neve. Começamos a descida às 13h15 e chegamos de volta ao mosteiro às 15h30. Conservo, até hoje, uma pequena pedra cor de rosa que guardei como lembrança do Sinai: faz parte da crosta terrestre!

Reze com a Igreja:

Senhor Deus, vós reabris para a Igreja a estrada do Êxodo, para que ela, aos pés da montanha sagrada, humildemente tome consciência de sua vocação de povo da aliança. E, celebrando vossos louvores, escute vossa Palavra e experimente vossos prodígios.

3
Por onde os Hebreus caminharam
Os segredos de Petra

Em Jerusalém, na Escola Bíblica dos Dominicanos, as aulas começavam em outubro. E a primeira atividade foi uma viagem de estudos ao sul da Transjordânia, que durou 19 dias. Um ônibus levou nosso grupo, composto de 32 estudantes de vários países, desde Jerusalém até o golfo de Aqaba no Mar Vermelho, com paradas em muitas cidades antigas e sítios arqueológicos. A mais sensacional de todas foi Petra, a joia da coroa do turismo da Jordânia, a 187 km ao sul de Amã. Tivemos a felicidade de conhecer o lugar antes que ele se tornasse destino de milhares de turistas. Ainda não tinha sido rodado lá o filme "Indiana Jones e a Última Cruzada", que é de 1989. E aquele maravilhoso conjunto de monumentos ainda não tinha sido escolhido como uma das Sete Novas Maravilhas do Mundo, o que aconteceu em 2007. Petra era toda nossa. Nem mesmo hotéis havia, tampouco pousadas.

Capital dos nabateus, Petra faz sua primeira aparição na história no ano 312 a.C., quando Antígono, sucessor de Alexandre Magno, tenta, em vão, duas vezes dominá-

3 - Por onde os Hebreus caminharam

-la. Pela Bíblia sabemos que Judas Macabeu fez amizade com os nabateus, de quem recebeu apoio (1Mc 5,25). A cidade foi conquistada pelos romanos no tempo do imperador Trajano, em 106 d.C. Quando São Paulo fala que passou um tempo na Arábia, provavelmente refere-se ao território dos nabateus, que chegaram a dominar Damasco. Várias vezes a Bíblia fala de Rocha, em hebraico, *Sela*, que em grego é *Petra* e pode ser uma referência a esse lugar. Eusébio situa em Petra a morte de Aarão. A Bíblia diz que ele morreu na montanha de Hor, na fronteira de Edom (Nm 20,23). Portanto, aquela área fez parte do caminho dos hebreus rumo à terra prometida.

Com o passar do tempo, Petra entrou em declínio e ficou completamente esquecida, até que em 1812 o explorador suíço Johann Ludwig Burckhardt, estudioso das culturas árabes, conseguiu, após muitos anos de procura e aventuras, encontrar as ruínas perdidas da misteriosa cidade dos nabateus.

Entra-se na cidade após percorrer um desfiladeiro profundo e sinuoso, chamado *Siq*, um corredor natural de um quilômetro e meio. É estreito e seus paredões de arenito rosa chegam a 80 m de altura. No tempo de nossa visita, contava-se um episódio trágico acontecido lá três anos antes, em 1963, com um grupo de turistas franceses que foi surpreendido por uma enchente, uma "cabeça d'água", que matou 23 pessoas. No fim daquele corredor colossal, uma surpresa: você está diante de um monumento incrível, todo esculpido em um único bloco de pedra, medindo 40 metros de altura por 30 de largura. É o *Khaznet Firaun*, o "Tesouro do Faraó", provavelmente túmulo de Aretas I, que reinou de 9 a.C. até 34 d.C. Obra de um tempo de prosperidade. As doze colunas da fachada indicam claramente uma influência grega.

Depois viríamos a saber que os arqueólogos tendem a datar do século I d.C. todos os grandes monumentos de Petra, exceto o teatro. Outra preciosidade de Petra é o chamado *Ed Deir*, "O mosteiro", o túmulo do último rei nabateu, do fim do século I d.C.

Em nosso programa, tínhamos quatro dias para conhecer Petra e seus arredores. A cidade tem mais de 5 km², é repleta de templos, tumbas, palacetes, obeliscos e colunatas. O anfiteatro é também todo talhado na rocha, no mesmo estilo que o de Siracusa na Itália. A cor dos monumentos vizinhos é em geral a mesma, com poucas variações, o que valeu à cidade o nome de Cidade Rosa. Sendo um dos lugares mais secos do mundo, impressiona a técnica utilizada para montar o sistema de cisternas e irrigação. Um espetáculo de engenharia.

Caiu a tarde, e, quando escureceu, não havendo lua cheia nem iluminação noturna de luz elétrica, admiramos um espetáculo cada vez mais raro hoje em dia: um céu estrelado em que a Via-Láctea brilhava em todo o seu esplendor.

A noite reservava para mim outra experiência única e indescritível. Um senhor do lugar, chamado Mohammed, hospedou-me em sua casa, que era, naturalmente, uma gruta escavada na rocha. Ele, sua esposa e os dois filhos pequenos foram de uma gentileza extrema. Convidaram-me para tomar o chá da noite e, então, sentamo-nos no chão formando uma roda. Quando fui deitar, reparei que meu colchão era o melhor e mais novo de todos. Assim são os beduínos. A hospitalidade é para eles um dever sagrado. Sem muitas perguntas, confiaram em mim e me acolheram. Fiquei me perguntando: E se fosse o contrário: um beduíno me pedindo hospedagem? Lembrei-me da Carta aos Hebreus, que diz: "Não esqueçais a hospitalidade, pois foi graças a ela que alguns, sem saber, hospedaram anjos" (13,2). Nessa hora eu quis mesmo ser um anjo...

Vi na TV, certa vez, um documentário no qual o repórter perguntou a um beduíno: "Como vive um beduíno?" Resposta: "Forte como o deserto, leve como a areia, move-se como o vento e sempre livre". Eu acrescentaria: "generoso e hospitaleiro". Antes de pegar no sono, ouvi que no rádio da família começava a tocar uma música conhecida minha: "Barcarolle" dos Contos de Hoffmann, de Jacques Offenbach: "Le temps fuit et sans retour, emporte nos tendresses, loin de cet heureux sejour..." Tão distante da França de Offenbach, aquela melodia a embalar meu sono!

Cante com a Igreja:

Também sou teu povo, Senhor,
e estou nesta estrada,
cada dia mais perto
da Terra esperada.
(Nely Silva Barros)

O "Tesouro do Faraó" em Petra

4
A mensagem do Monte Carmelo
Fidelidade e chuva de graças

Situado na Galileia, quase à beira-mar, pertence a uma cadeia que se estende por 25 km em uma largura de 6 a 8 km atingindo a altura máxima de 546 m. O nome Carmelo significa "jardim de Deus". Sua beleza extraordinária é cantada na Bíblia (Is 35,2). O lugar foi habitado no período paleolítico, conforme revelaram escavações feitas no século XX, que descobriram restos humanos nas grutas da montanha. Desde a antiguidade foi considerado como lugar sagrado, até pelos pagãos. Consta que ali fez suas contemplações Pitágoras; os romanos Tácito e Suetônio falam de um culto prestado no local a um Deus, que não tinha templo nem imagem. Mas foi, sobretudo, pelas recordações do profeta Elias e de seu discípulo Eliseu que o monte se tornaria famoso como o monte dos Profetas.

Nesse monte, Elias quis mostrar ao povo, inconstante em sua fidelidade ao Deus de Israel, qual era o Deus verdadeiro. Desafiou os 450 profetas de Baal a fazer descer fogo do céu sobre um altar com animais sacrificados. Não foram capazes, por mais que fizessem orações e outros rituais. Depois, com um pedido seu, o altar do profeta foi consumido pelo fogo com as vítimas. Assim ficou provado que somente o Deus de Israel devia ser adorado (1Rs 18,20-40). O episódio é recordado em um ponto do Carmelo chamado *Al-Muhraqa*, "o sacrifício", onde há uma estátua do profeta no ato de matar com a espada um idólatra. O Monte Carmelo se tornava assim lugar de decisão pelo Deus Vivo e de libertação dos ídolos mortos.

A caverna onde morou o profeta recebeu o nome de "Escola dos Profetas" e, atualmente, é uma mesquita, pois também os muçulmanos veneram Elias, dando-lhe o nome de *al-Khader*, o verdejante, o vivente. Verde é a cor paradisíaca para os beduínos.

A vida eremítica, fundada na oração e na penitência, prosperou no Carmelo em uma sucessão ininterrupta desde Elias até a Idade Média. Aí nasceu a Ordem Carmelitana em 1212 por iniciativa de São Brocardo com a colaboração de S. Alberto, Patriarca de Jerusalém. Em 1251, o célebre carmelita inglês Simão Stock (1165-1265) recebia de Nossa Senhora o escapulário, "sinal de salvação, salvaguarda nos perigos, penhor de paz e proteção sempiterna". A palavra escapulário vem do latim *scapula*, que significa ombro. É um hábito monacal resumido. Portanto, usar escapulário é como vestir um hábito, é comprometer-se a mudar de vida. Quando os Cruzados foram expulsos da Palestina em 1291, o convento do monte Carmelo foi destruído, e os monges sofreram o martírio pelas mãos dos muçulmanos.

Um panorama de beleza indescritível se avista do alto do Carmelo. A seus pés está o Mar Mediterrâneo com a baía de Haifa, principal porto do moderno Estado de Israel. Para o sul, descortina-se a linda planície de Sharon e ao leste reina o majestoso Hermon.

A Mãe de Deus não poderia ser esquecida no Carmelo. Em sua honra lá está o Santuário *Stella Maris*, do século XIX, situado a 3 km de Haifa, a 150 m de altitude. Debaixo do presbitério, venera-se a gruta de Elias, onde teria habitado o profeta.

Um episódio narrado na Bíblia, logo após o sacrifício do Carmelo (1Rs 18,41-46), foi considerado como referência à pessoa da Mãe de Deus. Aconteceu que, após três anos e meio de seca, com a consequente fome e carestia, Elias anunciou a chegada da chuva providencial, quando seu servo lhe informou que "está subindo do mar uma nuvem, pequena como a mão de uma pessoa". Essa nuvem foi interpretada como o prenúncio da chuva de graças que Maria faria cair para os que a amam e veneram.

São do escritor carmelita catalão Felip Ribot († 1391) estas palavras: "Deus revelou a Elias que a pequena nuvem prefigurava uma menina, a Virgem Maria. A pequenez se referia a sua humildade. Ela nasceria de natureza humana sem pecado, simbolizado pelo mar. A criança que nascesse dela estaria limpa de toda mancha de pecado, assim como aquela pequena nuvem, emergindo do mar amargo, mas livre de toda amargura".

Reze com a Igreja:

Venha, ó Deus, em nosso auxílio a gloriosa intercessão de Nossa Senhora do Carmo, para que possamos, sob sua proteção, subir ao monte que é Cristo.

5
Nazaré
O "sim" ao chamado de Deus

São 137 km de Jerusalém a Nazaré, chamada a flor da Galileia, (*Nazrat* em hebraico). Nunca é citada no Antigo Testamento. Era até desprezada nos tempos de Jesus: "De Nazaré pode sair alguma coisa boa?", perguntou Natanael quando Filipe lhe disse que tinha encontrado o Messias, Jesus de Nazaré (Jo 1,46). Natanael era de Caná da Galileia (Jo 21,2), e, por ironia da história, Nazaré é hoje famosa, tem 40 mil habitantes, entre cristãos e muçulmanos, e a terra dele continua pequena com seus 5 mil habitantes.

Nas escavações, foram encontrados restos de construções antigas que remontam até ao Bronze Antigo (entre 3.100 e 2.100 a.C.), portanto a cidade já existia antes dos Patriarcas, embora não seja mencionada na Bíblia antes de Cristo. A aldeia do tempo de Jesus começava onde está a Basílica atual e ia até 200 metros acima. Era um povoado agrícola, cheio de grutas habitadas. Os arqueólogos fizeram escavações durante 5 anos e descobriram vinte estratos sobrepostos. Cada época deixa seus restos que formam camadas como de uma cebola.

O arqueólogo Franciscano Frei Belarmino Bagatti (1905-1990) descobriu em Nazaré pequenas grutas naturais, que eram habitações ou serviam de silos, com muitos objetos de cerâmica, inclusive lâmpadas de terracota do tempo de Cristo. Esses objetos estão guardados no museu da Basílica. Foram encontrados *grafitti*, com os dizeres em grego "Salve-Maria", "Bela Senhora", "Santo Lugar de Maria".

Aí morava a jovem Maria, quando o anjo Gabriel a visitou, anunciando a vinda do Messias. A primeira igreja aí construída foi iniciativa de Santa Helena, mãe do imperador Constantino; mas a igreja foi destruída em 638, na invasão árabe. O mesmo aconteceu com outros lugares de culto construídos ao longo dos séculos: foram destruídos durante as várias perseguições contra os cristãos.

No tempo dos Cruzados, Tancredi, príncipe da Galileia, ergueu um majestoso templo, com três naves, que também foi destruído, dessa vez pelo sultão Bibars, em 1263, pouco depois de terminada. As escavações encontraram restos também dessa época, inclusive lindos capitéis de colunas não utilizados. Apenas em 1620, chegaram os Franciscanos e reconstruíram em 1721 sobre a gruta da Anunciação uma modesta igreja, demolida em 1955 para dar lugar à atual basílica, o maior templo católico do Oriente Médio, solenemente consagrada em 1969 pelo Cardeal Gabriel-Marie Garrone (1901-1994). O arquiteto Antonio Barluzzi (1884-1960) tinha feito uma planta que não foi aceita, porque suprimiria toda a aldeia antiga. Ficou desgostoso com a recusa, ele que, durante mais de 40 anos, tinha sido o construtor ou restaurador de 24 igrejas, hospitais e escolas na Terra Santa.

A planta executada foi a do arquiteto Giovanni Muzio (1893-1982), e todo o mundo católico contribuiu para sua execução. Os operários foram árabes, gratos aos Frades por essa oportunidade de emprego.

A basílica nova tem do lado oeste, o lado da rua, uma fachada cristológica. Nela se vê a "Porta de Cristo", com cenas da vida dele. Do lado sul, pode-se admirar a fachada mariológica, com a "Porta de Maria" e também 12 cenas de sua vida e as várias representações de Nossa Senhora. Aí também estão a oração da Salve-Rainha em latim e uma estátua de Maria adolescente.

O edifício é constituído por duas igrejas sobrepostas. A igreja superior, com mosaicos, pinturas e esculturas vindas do mundo todo, é a igreja paroquial para os cristãos do lugar. O mosaico na abside da igreja superior representa a mariologia do Concílio Vaticano II. Nas laterais, há 20 quadros de Nossa Senhora, conforme ela é venerada nos vários países. No átrio, encontram-se figuras de Nossa Senhora segundo a devoção do mundo católico, continuação dos que estão no interior da basílica. Fiquei feliz ao descobrir lá um mosaico da Padroeira do Brasil, Nossa Senhora Aparecida. No batistério de Nazaré está a figura de um pavão, símbolo da imortalidade, em conexão com o batismo. A abside é uma lembrança da abóbada celeste, por isso acharam necessário fazê-la, até mesmo na gruta de Nazaré.

A igreja inferior é para os peregrinos e forma uma coroa em torno da área arqueológica totalmente preservada. O arquiteto conservou tudo o que foi achado das construções anteriores. O mistério da Encarnação é venerado em uma gruta cavada na rocha. Na frente do altar se lê a inscrição *Aqui o Verbo se fez carne*. Sim, aconteceu o mistério de um Deus descer à terra assumindo carne humana para viver a vida comum de todos nós e nos salvar obedecendo aos planos do Pai.

Bem perto da grande basílica, fica a igreja de S. José, que conserva a lembrança do local de sua casa e de sua oficina de carpinteiro. A igreja é do ano 1914, mas foi erguida sobre ruínas de antigo edifício do século VI. Aqui o Anjo falou em sonhos a José. Se aqui era a casa dele, era portanto a casa da

Sagrada Família. Na cripta, conservam-se os restos de uma igreja bizantina, com batistério em forma de piscina, para o batismo por imersão, com sete degraus, lembrando os sete dons do Espírito Santo. Por falar em São José, o guia nos deu uma explicação sobre a possível data de sua morte. Ele deve ter morrido antes de Jesus começar sua vida pública, senão seria ele quem deveria buscar Jesus em Cafarnaum quando "corria o boato de que ele estava louco" (Mc 3,21). Assim, o "Padroeiro da Boa Morte" deve ter morrido nos braços de Jesus e de Maria. Que santa inveja!

Outra recordação mariana é a igreja de São Gabriel, mantida pelos monges ortodoxos gregos, em cuja cripta está a "Fonte da Virgem", em árabe *Ain Sitti Mariam*, única fonte pública existente em Nazaré, onde ela buscava água. Evangelhos apócrifos narram que foi junto à fonte que Maria viu o anjo Gabriel pela primeira vez, quando este lhe disse: "Ave, cheia de graça". Ela correu para casa espantada e foi então que o anjo lhe comunicou a mensagem do céu. Tive a grata surpresa de constatar que, em Aparecida, SP, o "Caminho do Rosário", inaugurado em 2018, representa a cena da Anunciação do anjo não na casa, mas junto à fonte, seguindo essa antiga tradição.

Em Nazaré, visita-se também o local da sinagoga, que Jesus frequentava, famosa porque foi lá que Ele anunciou o programa de sua atividade missionária: "O Senhor me ungiu para evangelizar os pobres, mandou-me anunciar aos cativos a libertação, aos cegos a recuperação da vista" (Lc 4,18). É um edifício antigo de 9,20 m por 8 m, no centro da Nazaré bíblica, situado no lugar da outra, que é do tempo de Jesus. Sobre a sinagoga os Cruzados ergueram, por volta do ano 1100, uma igreja. Foi aí que Jesus declarou que "nenhum profeta é bem recebido em sua terra" (Lc 4,24). Por isso, seus ouvintes tentaram precipitá-lo de um alto monte, sentindo-se ofendidos com sua pregação universalista. E lá perto está o "Monte do Precipício", o *Giabal al-Qafze*, a 200 metros a pique sobre a planície de Esdrelon. Ali há restos de um antigo santuário, denominado "Santa Maria do Tremor". Celebrava o tremor de Maria quando soube que os habitantes queriam precipitar Jesus do alto do monte. Tudo na Terra Santa tem seu "monumento comemorativo"...

Cante com a Igreja:

Uma entre todas foi a escolhida.
Foste tu, Maria, serva preferida,
Mãe do meu Senhor,
Mãe do meu Salvador.
Maria, cheia de graça e consolo,
vem caminhar com teu povo.
Nossa Mãe sempre serás.
(D.R.)

Santuário Stella Maris, Haifa - Entrada para a gruta de Elias

6
Ain Karem
Deus visitou seu povo

Quando morei em Jerusalém, a Cidade Santa ainda era dividida em duas partes, separadas por muros e por uma *No Man's Land*, uma faixa de "Terra de Ninguém". A única passagem entre as duas era o Portão de Mandelbaum, travessia oficial entre Israel e Jordânia nos anos de 1949 a 1967. Nossa École Biblique ficava na parte árabe de Jerusalém e, naturalmente, eu tinha vontade de conhecer o outro lado. Então, com as devidas licenças, cruzei a fronteira e, logo na rua Jafa, peguei o ônibus urbano n. 10 que me levou a Ain Karem. Em meu diário, anotei a visita feita à igreja de São João Batista, com a gruta onde ele nasceu, e também uma chegada à *Mary's spring*, "a fonte de Maria", para provar da mesma água que Nossa Senhora bebeu. Tudo muito rápido, porque no mesmo dia eu devia voltar à École e precisava ver ainda o Museu Nacional de Israel e o Cenáculo.

Na Páscoa de 1985, tive ocasião de fazer uma peregrinação à Terra Santa com um grupo de padres estudantes sob a chefia do competente Frei Efrem Ravarotto, OFM, e então pude completar a visita.

Ain Karem (chamada *Ein Kerem* pelos judeus) significa "fonte da vinha" e fica cerca de 8km de Jerusalém.

Seu nome completo não aparece na Bíblia, mas na forma abreviada *Carem* é citado no livro de Josué 15,58. Na Idade Média, chamava-se São João *in montana*. Aí a tradição coloca a residência do sacerdote Zacarias, esposo de Isabel. Dois episódios do evangelho são ambientados em *Ain Karem*: o encontro de Maria com Isabel (Lc 1,39-56) e o nascimento de João Batista (Lc 1,56-80). Lucas diz simplesmente que Maria foi visitar Isabel em uma cidade da Judeia, na região montanhosa. Mesmo sendo subúrbio de Jerusalém, *Ain Karem* conserva a simplicidade de uma bucólica aldeia edificada sobre colinas com abundante cobertura vegetal, bem diferente dos desertos do lado oriental. Para visitar sua prima, saindo de Nazaré, Maria teve que percorrer os 140 km que separam as duas localidades. Com certeza, buscando a companhia de uma caravana.

É São Lucas que narra essa visita e também o nascimento do Batista, ambos no 1º capítulo de seu evangelho. Esses acontecimentos são recordados em duas igrejas: a da Visitação, que se encontra em um ponto mais alto, no lado sul, e a de São João Batista, que fica no centro do vilarejo. É que Zacarias e Isabel tinham duas casas, uma na vila e uma casa de campo na montanha. No meio do caminho está a tal fonte, que abastece seus habitantes desde tempos imemoriais.

A igreja da Visitação ocupa uma colina diante da aldeia. Propriamente, são duas igrejas sobrepostas. É o local do encontro das duas mães, ambas grávidas. Maria, jovem e virgem, concebe por obra do Espírito Santo; Isabel, idosa e estéril, também concebe por graça divina. Isso mostra que para Deus nada é impossível, como disse o anjo Gabriel (Lc 1,37).

O novo santuário é de 1939, obra de A. Barluzzi, que conservou restos do tempo bizantino e dos Cruzados. A cripta recorda a casa de Zacarias e Isabel. Um texto apócrifo fala que Isabel fugiu para esse local e escondeu o menino João atrás de um bloco de pedra para salvá-lo da fúria dos soldados de Herodes. Aí se vê uma cisterna e uma escada que leva ao andar superior. A igreja superior celebra a glória de Nossa Senhora. Os afrescos são de Cesare Vagarini e representam: Maria, Mãe de Deus (Concílio de Éfeso, 431), Maria refúgio dos pecadores (acolhe todos sob o manto), Maria dispenseira das graças (Bodas de Caná), Maria auxílio dos cristãos (Batalha de Lepanto de 7.10.1571) e Maria Imaculada (dogma definido pelo Beato Pio IX em 1854).

No alto, foram pintadas figuras femininas da Bíblia, todas elas símbolos da Mãe de Deus. O último quadro apresenta "Maria, Rainha do Mundo". Na parede, na entrada do santuário, pode-se ler em 30 línguas o cântico do *Magnificat*, o louvor pronunciado por Maria diante de Isabel: "O Senhor fez em mim maravilhas, santo é seu Nome" (Lc 1,49).

A outra igreja, dedicada a São João Batista, parece uma fortaleza e está no centro do povoado. É uma igreja de três naves, com uma cúpula. Foi restaurada pelos Franciscanos em 1674 com a ajuda do governo espanhol e está sobre restos de antigas igrejas. À esquerda do altar-mor, uma escada dá acesso à gruta, onde teria nascido João Batista. Um singelo letreiro em latim anuncia: "Aqui nasceu o precursor de Jesus Cristo".

Do lado externo da igreja, encontra-se, em diversas línguas, o Cântico de Zacarias, o *Benedictus*, pelo qual ele louva a Deus, que "visitou e libertou seu povo" (Lc 1,68). Foram suas primeiras palavras, depois de ter ficado mudo por vários meses. Estava agradecendo o nascimento do filho João, que Deus lhe concedeu na velhice.

Conforme historinha deliciosa, Isabel combinou com Maria que, quando Joãozinho nascesse, ela mandaria fazer uma grande fogueira para comunicar a notícia à prima. Assim nasceu a tradição da fogueira de São João em 24 de junho, dia do nascimento do Santo.

Cante com a Igreja:

Pelas estradas da vida
nunca sozinho estás
contigo pelo caminho.
Santa Maria vai.
Oh! Vem conosco, vem caminhar,
Santa Maria vem!
(Espinosa)

Interior da Igreja da Visitação em Ain Karem

7
Belém
Na "casa do pão" nasce o Pão da Vida

A estrada que sai de Jerusalém para o sul nos conduz primeiro a um memorial que é o túmulo de Raquel, a esposa preferida de Jacó, que aí morreu dando à luz Benjamim (Gn 35,19). É um pequeno edifício com uma cúpula a 1 km antes de Belém, à beira da estrada asfaltada.

A parada seguinte é Belém, a sete quilômetros da Cidade Santa. Em hebraico se chama *Bethlehem*, "casa do pão", e em árabe *Bethlahim*, "casa da carne". Para nós, católicos, isso nos recorda que nossa fé faz a síntese pão--carne na Eucaristia, o Pão descido do céu, que é a carne do Filho do Homem. Há uma outra *Bethlehem*, citada em Js 19,15, que fica na Galileia, a 12 km a oeste de Nazaré, no território de Zabulon.

A terra do Natal tem hoje em torno de 30 mil habitantes, em sua grande maioria cristãos árabes. Aumentou nos últimos anos o número de muçulmanos, e muitos cristãos vão-se embora em busca de trabalho.

Belém é lembrada na Bíblia na história de Noemi e sua nora Rute, a moabita, que veio a ser a bisavó do rei Davi (Rt 1,22). Este era o cidadão mais famoso de Belém até o nascimento de Jesus. Aí morou Jessé com seus sete filhos, dos quais Davi era o caçula; aí foi ungido rei pelo profeta Samuel (1Sm 16,13). Mais tarde, Miqueias haveria de profetizar que de Belém nasceria o tão esperado Messias (Mq 5,1), que também seria descendente de Davi. A gruta onde Ele nasceu tornou-se logo lugar sagrado para os cristãos. Por isso o imperador romano Adriano, querendo extirpar da Palestina todo vestígio da nova religião, mandou plantar ali, no ano 135, um bosque dedicado ao deus Adonis.

Esse seu propósito de dessacralização foi providencial para se conservar a memória do local exato do nascimento de Cristo. É que na região são inúmeras as grutas. Elas servem de refúgio para forasteiros e até para residência. Eu me lembro de ter fotografado uma gruta-casa, na qual foram adaptadas portas e janelas. Outra serventia das grutas era para curral de animais. Assim é muito verossímil a antiga tradição que mostra um boi e um burro ao lado do presépio de Jesus. Duas frases de profetas ajudaram também a fundamentar a tradição dos animais ao lado da manjedoura: Habacuc 3,2 na versão grega diz: "No meio de dois animais tu te manifestarás"; e em Isaías 1,3 lemos: "O boi conhece seu dono, e o jumento, o curral de seu senhor".

Santa Helena, mãe do imperador Constantino, mandou cortar o bosque e iniciou em 326 a construção da atual Basílica da Natividade, que é a mais antiga e uma das mais belas da Terra Santa. Foi construída exatamente sobre a gruta onde nasceu Jesus. O edifício foi danificado durante a revolta dos samaritanos em 529, mas foi restaurado em 540, quando reinava o imperador Justiniano. Um detalhe secundário foi providencial para livrar a igreja da destruição geral dos templos cristãos ordenada pelo rei Cósroes II em 614: entrando no recinto, os soldados persas viram as figuras dos Magos que trajavam roupas de estilo persa. De mais um perigo ela escapou em 1010, quando o califa Hakim foi impiedoso em sua ordem de destruir tudo o que era cristão. E assim ela chegou quase intata até nós. Essa igreja tem 1.700 anos, é a mais antiga do mundo cristão. Conserva lindos mosaicos do tempo de S. Helena e tem pinturas e mosaicos em estilo bizantino, obra dos Cruzados.

A Basílica da Natividade fica bem no centro da cidade. Em sua parte externa parece mais uma fortaleza ou uma muralha, com sua pequena torre. Havia três portas na fachada, mas duas foram fechadas e a que restou tem pouco mais de um metro de altura, para impedir a entrada de não cristãos a cavalo. É que os turcos muçulmanos gostavam de entrar nela com sua montaria. Agora, quem entra precisa se abaixar, um gesto que prepara a gente para contemplar a humildade de um Deus-menino e pobre.

O recinto mede 54 m por 26 e é dividido em cinco naves por meio de esbeltas colunas de pedra rosada com capitéis coríntios. Para descer à gruta, há duas escadas partindo da abside central da basílica. O recinto é pequeno, apenas 12,30 por 3,50m, dividido em dois ambientes: o lugar do nascimento mesmo e o lugar da manjedoura, onde Maria deitou o Menino. Nas grandes festas, é preciso ter paciência para esperar a vez de entrar, porque é grande o afluxo de peregrinos. Mas nós encontramos lá apenas um pequeno grupo de portugueses. O primeiro ambiente é administrado pelos gregos, e o segundo pelos latinos, e há um ângulo reservado aos armênios. Uma estrela de prata, de catorze pontas, indica no chão o lugar do nascimento. Uma inscrição em latim diz: "Aqui da Virgem Maria nasceu Jesus Cristo". Mais de dez lâmpadas penduradas decoram o ambiente, além de vários mosaicos.

No prolongamento da Gruta da Natividade, é possível visitar também outras, cada uma lembrando de um fato histórico. Assim, há a gruta dos Santos Inocentes, cuja morte foi decretada pelo rei Herodes. Há uma gruta dedicada a São Jerônimo, que aí viveu muito tempo enquanto estudava as Sagradas Escrituras. Na gruta de São José, foi-nos dada a licença de concelebrar a Santa Eucaristia. O guia Frei Efrem Ravarotto, OFM, explicou-nos que, quando o evangelista Lucas diz que José e Maria foram procurar uma gruta porque "não havia lugar para eles na hospedaria" (Lc 2,7), queria dizer que não havia lugar decente, reservado, para Maria dar à luz, pois as casas costumavam ser constituídas de um só cômodo. Eu mesmo vi casas assim em uma aldeia da Síria, quando visitei meus parentes lá.

A visita a Belém completa-se com uma ida ao Campos dos Pastores, em árabe *Beit-Sahur*, a 3 km a sudeste da cidade. Aí se encontram terras cultivadas, como aquelas onde Rute ia respigar nos campos de Booz (Rt 2,3). Aí foi construído em 1953 o gracioso santuário projetado por Antonio Barluzzi (1884-1960) em forma de tenda de beduíno. O exterior do edifício é feito com pedras rosadas e brancas, em uma feliz combinação. É para recordar a aparição do anjo que disse aos pastores na noite de Natal: "Eu vos anuncio uma grande alegria: nasceu para vós um Salvador" (Lc 2,10s). E os pastores foram ver a maravilha. Tudo isso está retratado em pinturas no interior da igreja: o anjo que fala aos pastores, eles diante do Menino recém-nascido, eles que voltam glorificando a Deus. A narrativa de Lucas começa dizendo que "na mesma região havia pastores que estavam nos campos e guardavam seu rebanho no decorrer da noite" (Lc 2,8). Essa notícia é curiosa, porque exclui a possibilidade de o Natal ter sido em dezembro. Como assim? É que na Terra Santa dezembro é inverno, tempo de muito frio, não haveria pastagens e o rebanho não poderia estar ao relento de noite e, sim, no curral, bem protegido. Eu mesmo experimentei um frio intenso na noite de Natal em Belém. E por que então a festa se celebra em 25 de dezembro? É porque os cristãos transformaram uma festa pagã dedicada ao sol em uma festa cristã para Jesus, "Sol da justiça", conforme Malaquias 3,20.

No ano 2008, em outra romaria, dessa vez com italianos, estive nessa igreja do Campo dos Pastores. Espontaneamente, eles começaram a cantar a música natalina de Santo Afonso: *Tu scendi dalle stelle*, "Tu desces das estrelas, ó rei celeste". "Não existe Natal sem *Tu scendi dalle stelle*", dizia em 1890 o grande músico italiano Giuseppe Verdi.

Os pastores estão bem lembrados em Belém, mas e os Magos que vieram do Oriente guiados pela estrela? Não há nada que os recorde. Para quem busca uma memória deles, há em Jerusalém o local do palácio de Herodes, perto da chamada Torre de Davi, onde eles pediram e receberam informações sobre onde nasceria o rei dos judeus. Lembramos também que as relíquias deles são veneradas na Alemanha, na catedral de Colônia.

Depois disso, Belém desaparece da Bíblia. Apenas uma citação em João 7,42: "Não diz a Escritura que o Cristo... virá de Belém?" Na mente dos judeus, essa frase comprovaria que Jesus não era o Cristo, porque era conhecido como o Nazareno. E permanece o mistério: por que Jesus nunca mais voltou a Belém?

Depois do ano 2004, Belém se transformou na "cidade à sombra de um muro", sufocada por um muro. Durante sua viagem à Terra Santa em 2009, o Papa Bento XVI visitou Belém no dia 13 de maio. Em discurso pronunciado em uma escola, ele disse:

> Com angústia, tomei conhecimento da situação dos refugiados que, como a Sagrada Família, tiveram que abandonar as suas casas. E vi, circundando o campo e ocultando uma boa parte de Belém, o muro que se introduz nos vossos Territórios, separando os vizinhos e dividindo as famílias."

E afirmou que o muro, que separa Belém de Jerusalém, pode ser derrubado, desde que Israel e os palestinos derrubem os muros em torno dos seus corações.

> O muro vem a ser um lembrete cruel do impasse a que parecem ter chegado as relações entre israelenses e palestinos.

Disse ainda o Papa aos palestinos:

> É compreensível que vocês se sintam frustrados. Suas aspirações legítimas por lares permanentes, por um Estado palestino independente, permanecem irrealizadas. Dos dois lados do muro, é preciso grande coragem para que o medo e a desconfiança possam ser superados e para que seja possível resistir ao desejo de retaliar por perdas e feridas.

O muro tem de 8 a 10 metros de altura. São 708 quilômetros já construídos. Os judeus o chamam de "barreira de separação", os árabes dão-lhe o nome de *al-gidar* = "muro", simplesmente. Há os que picham o muro com frases agressivas, há outros que rezam o Terço junto a ele e dizem ser esta a arma mais poderosa nesse conflito: um Terço rezado com devoção em diversas línguas! Outros ainda pintam o muro de branco para usá-lo como tela de projeção de jogos de futebol na TV. O artista de rua britânico que usa o pseudônimo Banksy é um pintor de *grafitti* que esteve na Palestina algumas vezes e, em todas elas, deixou trabalhos espalhados pelos muros. *Soldier throwing flowers* mostra um soldado de rosto coberto atirando um ramo de flores, ao invés de pedras.

Um peregrino brasileiro testemunhou:

> Para mim, continua sendo triste saber que, em 2017, ainda são necessários muros para separar pessoas que nasceram e cresceram no mesmo território.

Tudo isso nos leva a confirmar a importância da Coleta para os Lugares Santos, que se faz todo ano nas igrejas católicas, na Sexta-feira Santa. Os cristãos, em sua imensa maioria de origem árabe, vivem uma situação de inferioridade. Eles representavam mais de 18% da população da Terra Santa quando foi criado o Estado de Israel em 1948, mas agora são menos de 2%. A Igreja precisa apoiar esses irmãos sofridos, que mantêm a presença do Cristianismo nas terras onde ele nasceu.

Cante com a Igreja:

Nós somos pastores
e vimos adorar
o Deus, feito homem,
que é pão no altar.
Jesus vem nascer
em cada cristão.
Jesus vem trazer
a paz e a união.
(Pe. José Cândido da Silva)

8
Caná
Jesus e Maria em nosso lar

A 8 km a nordeste de Nazaré, encontra-se *Kefar Kanna*, que a tradição aponta como lugar do primeiro milagre de Jesus, quando ele transformou água em vinho em uma festa de casamento. Esse milagre tornou-se símbolo da transformação do amor humano em amor cristão pela força do sacramento do matrimônio. Aqui é preciso mencionar que há outros lugares que pretendem ser a Caná bíblica: *Khirbet Kana*, em Israel, e *Qana*, no Líbano. Mas, como o evangelista João especifica que se trata de "Caná da Galileia" (Jo 2,1), é lá que devemos procurar a cidade.

Seu nome não consta no Antigo Testamento, mas alguns pesquisadores entendem que seja ela a Caná mencionada nas cartas de *Tell-el-Amarna*, do Médio Egito do século XIV a.C. Hoje, Caná é uma aldeia árabe de apenas 5 mil habitantes, dos quais ⅔ são cristãos e ⅓ muçulmano. Na entrada da aldeia está a fonte, considerada como aquela da qual se tirou a água para encher as seis talhas de pedra para o milagre de Jesus. No centro do lugarejo, é possível identificar restos de construções antigas. A própria igreja dos Franciscanos, de 1879, foi erguida no centro do povoado sobre ruínas, talvez do século III. Ela tem duas torres e um pórtico sustentado por duas colunas de capitéis dóricos. Em seu interior, conserva-se uma talha de pedra, que dizem ser uma das seis do milagre. Ao lado dessa igreja está a dos ortodoxos, dedicada a São Jorge, construída em 1886, bem mais rica de decoração artística e religiosa, com suas inúmeras pinturas de santos. Também aqui mostram uma lembrança do milagre de Jesus: outras duas talhas de pedra.

Até hoje Caná se distingue pela produção de um bom vinho, que é uma das lembranças mais procuradas pelos peregrinos, com miniaturas de jarras em terracota. O local também é cenário privilegiado para celebrar casamentos e para renovar as promessas feitas diante do altar, fortalecendo a união dos esposos selada pelo sacramento do matrimônio.

Um ilustre cidadão de Caná é Natanael (Jo 21,2), identificado com o apóstolo São Bartolomeu. Existe lá uma igreja construída em sua honra e, segundo a tradição, ela ocupa o lugar onde estava a casa dele.

Cante com a Igreja:

Quando o vinho do amor nos faltar,
e a gente ao irmão se fechar:
Ensina-nos, Maria,
a fazer o que Ele disser.
(Irmã Míria T. Kolling)

9
Cafarnaum
O Evangelho se irradia

O nome Cafarnaum significa "aldeia de Naum", indicando uma possível relação da cidade com o profeta bíblico. Em português, o nome significa "local de tumulto", sentido encontrado já no grande mestre da língua Machado de Assis. Em 2018, foi lançado um comovente filme com esse título, sobre refugiados no Líbano.

Era uma cidade à beira do mar da Galileia, próxima da grande estrada imperial que ligava a Mesopotâmia ao Egito, passando pela Síria e Palestina – a *Via Maris* –; por isso tinha importância e era próspera. Havia lá um quartel de soldados romanos, um centro comercial e um posto de cobrança de impostos, onde trabalhava Levi, o futuro apóstolo e evangelista Mateus (Mt 9,9). Por causa da passagem das caravanas, era o lugar ideal para divulgar a Boa-Nova. Por isso Jesus, deixando Nazaré, foi morar lá (Mt 4,13), escolheu-a como seu quartel general, a "sua" cidade (Mt 9,1). Lá Jesus era hóspede habitual de São Pedro.

Cafarnaum não é mencionada no Antigo Testamento, mas deve ter surgido no período persa (538-333 a.C.); prosperou na época helenística e romana e durou até o tempo bizantino. Não há fontes literárias sobre ela fora do Evangelho. No tempo de Constantino, isolaram por um muro a casa de Pedro do resto das casas. Quando os árabes atacaram os bizantinos no Yarmuk, Cafarnaum foi evacuada e não mais habitada. Em Mt 11,23, Jesus profetiza um futuro sombrio para a cidade, por não ter acreditado em sua pregação. Destruída por um terremoto em 665, não foi reconstruída. Isso teve um efeito positivo para a arqueologia.

A peregrina Etéria, que visitou a Terra Santa no século IV, escreveu em seu diário: "A casa de Pedro foi transformada em igreja, e as paredes estão de pé; aí o Senhor curou o paralítico. Lá perto está a sinagoga onde Ele curou o endemoninhado". De fato, acharam paredes de até dois metros de altura. Com o passar do tempo e por causa das intempéries, a parte superior das casas desmorona e se mistura no solo com a parte inferior.

Os Franciscanos adquiriram a zona em 1894. As escavações revelaram a sinagoga e a igreja bizantina construída sobre a casa de Pedro, sobre a qual foi erguida uma igreja no começo do século V, na forma de dois octógonos concêntricos, com belíssimo pavimento em mosaico e desenhos geométricos, tendo ao centro um pavão. Foi construída sobre edifícios mais antigos, que tinham ao centro uma sala venerada já no século I d.C. e rodeada de habitações do mesmo tempo. Era a *domus-ecclesia* (casa transformada em igreja) dos judeus cristãos de Cafarnaum. Esses nos deixaram mais de 120 preciosos *grafitti* em grego, latim e aramaico, atestando sua veneração por aquele lugar. Descobriram-se também aqui, como em Cesareia e Maqueronte, pavimentos revestidos de massa.

As escavações foram continuadas a partir de 1968 sob a direção do arqueólogo Franciscano Virgílio Corbo, que descobriu a casa de São Pedro. O *cardo maximus*

9 - Cafarnaum

(rua principal) ia de norte a sul. As ruas secundárias (*decumanus*) iam de leste a oeste. O bairro de São Pedro era grande, chegava até o pátio do atual convento. A praia era mais perto, pois o lago recuou devido ao entulho. Acharam o pavimento bizantino de um dos *decumanus*. A casa de Pedro tinha três pátios. Os quartos de dormir eram estreitos e compridos, o que explica o incômodo causado pelo amigo que vem à noite pedir três pães para um visitante, parábola narrada em Lc 11,7. Os tetos eram feitos de palha e terra (Mc 2,4). Acharam centenas de moedas nos pavimentos, inclusive a preciosa dracma, mencionada em Lc 15,8. Também foram encontrados anzóis e outros utensílios de pesca. Sete janelas da casa foram achadas intatas. Para Jesus estavam reservados dois quartos nessa casa de Pedro.

Outra descoberta importante foram os pratos de vidro, em perfeito estado, coisa rara. São do tempo de Jesus, feitos em Cafarnaum. Podemos imaginá-los sendo usados no banquete que Levi-Mateus ofereceu a Jesus conforme Mt 9,10. Acharam-se também lâmpadas que, possivelmente, iluminaram a noite de Cristo. No *Studium Biblicum Franciscanum* de Jerusalém, há objetos encontrados em Cafarnaum, também do tempo de Jesus.

As ruínas mais imponentes de Cafarnaum são as da majestosa sinagoga, onde ainda se conservam de pé quatro colunas com capitéis coríntios e pelo chão muitos blocos de pedra com desenhos esculpidos. Mas esse edifício é do século IV d.C. O que se supõe é que a sinagoga do tempo de Jesus está debaixo dessa sinagoga, pois os edifícios sacros eram feitos uns sobre os outros.

Sobre os restos da antiga igreja, os Franciscanos construíram o novo santuário, chamado Memorial de São Pedro, terminado em 1990, obra do arquiteto Ildo Avetta (1916-2011), nascido na Argentina, de família italiana. O edifício tem a forma de uma barca, sugerindo a de Pedro. O pavimento de vidro transparente permite que de dentro se vejam os restos arqueológicos que estão embaixo, sem contato direto com as ruínas.

Nesse cenário de Cafarnaum, aos pés da imponente sinagoga, concelebramos a Eucaristia ao ar livre, justamente no lugar em que Jesus anunciou o Pão da Vida: "O pão que eu darei é minha carne, para a vida do mundo" (Jo 6,51). E nessa cidade, que serviu a Jesus para difundir o Evangelho, pedimos ao Senhor da messe para sermos os evangelizadores de que o mundo de hoje precisa.

"Acostumem-se a considerar a tradição como algo que tem fundamento histórico", dizia Corbo. Por isso, hoje em dia, reabilitam-se os Apócrifos, dando mais valor a eles.

Cante com a Igreja:

O Senhor me chamou a trabalhar, a messe é grande;
a ceifar,
a ceifar o Senhor me chamou. Senhor, aqui estou!
Vai trabalhar pelo mundo afora: Eu estarei até o fim contigo.
Está na hora, o Senhor me chamou. Senhor, aqui estou!
(Aimé Duval)

10
O lago de Jesus
Seguir o Mestre

Na beira do lago de Genesaré, havia no tempo de Jesus mais de dez cidades, algumas grandes e populosas. Na margem ocidental, ficavam Tiberíades, Mágdala – terra de Maria Madalena –, Cafarnaum e Corazim. Na margem oriental: Gerasa, Gamala, Hippos e Betsaida, terra dos apóstolos Pedro, André e Filipe. De outras não se sabe o nome nem o lugar. Corazim e Betsaida não deixaram vestígios importantes. Apenas se sabe que estavam situadas ao norte do lago. Dentre elas, a única que tem relíquias históricas de vulto é Cafarnaum.

Tiberíades foi fundada por Herodes Agripa em 20 d.C., mas, por ter sido construída sobre um cemitério, os judeus a consideraram impura e foi habitada somente por estrangeiros. O nome da cidade é uma homenagem ao imperador romano da época, Tibério César. Era uma cidade pagã no tempo de Jesus e nos Evangelhos não consta que Ele esteve lá. Ficou famosa pela escola dos Massoretas, escribas judeus que, em torno do século X, aí se dedicaram a fixar o texto da Bíblia Hebraica mais autêntico acrescentando-lhe as vogais. Os Cruzados a ocuparam em 1099 e fizeram dela a capital do principado da Galileia. Desse período é a igreja de São Pedro, com a característica abside em forma de triângulo, que dá ideia de uma barca revirada. Na frente da igreja, há uma cópia da estátua de São Pedro que está no Vaticano. Hoje é uma cidade de 30 mil habitantes, todos hebreus. Um Franciscano que encontramos lá nos disse que ele era o único cristão da cidade, pois os árabes cristãos se retiraram ou foram expulsos. Disse que, se ele também deixasse o lugar, a propriedade passaria para o Governo. A cidade conserva um monumento aos polacos, que muito ajudaram os árabes. Ao sul do lago, foram encontradas termas romanas.

O Lago de Jesus tem vários nomes nos evangelhos: Lago de Genesaré, Lago de Tiberíades, Mar da Galileia. Seu nome hebraico é *Yam Kinneret*, por causa de sua forma parecida com uma lira, *kinnor*. Pode ser chamado de "lago de Jesus", pois aqui Ele chamou os primeiros discípulos, pescadores daquele lago, e aconteceu a pesca milagrosa e a tempestade acalmada; em suas margens Jesus ensinou às multidões e contou algumas de suas parábolas. "Segue-me" foi a palavra de Jesus a Pedro junto a esse lago em seu primeiro encontro e também no último (Jo 21,19). Hoje o lago de Jesus é uma paisagem praticamente inalterada de seu tempo. Nada o modificou, podemos vê-lo como Ele o viu, atravessá-lo como Ele atravessou, caminhar em sua margem como Ele caminhou.

O lago é formado pelas águas do Rio Jordão, que o atravessa na direção norte-sul, e continua descendo para o mar Morto. Quem vem de Nazaré, no km 29, chega ao nível do mar e continua descendo para chegar ao lago que está a 212 m abaixo do nível do mar Mediterrâneo. O lago tem 21 km de comprimento e 11 de largura máxima; chega à profundidade de 45 m e tem uma superfície de 165 km². Para uma comparação, a baía de Guanabara, com seus 412 km², é duas vezes e meia maior. Suas águas são ricas de várias espécies de peixes. Só de sardinha são 22 espécies. É famoso lá o "peixe São Pedro", *chromis Simonis*, segundo a classificação de Lineu. É uma espécie de tilápia, cujo macho cria os filhotes na boca. Na hora de os soltar, conserva a boca aberta por meio de uma pedra. No relato de Mt 17, o evangelista conta que Jesus pagou o imposto do Templo com uma moeda encontrada na boca de um peixe (v. 17). Em vez da pedra, esse peixe trazia uma moeda.

Na pesca, após a Ressurreição de Jesus, os apóstolos pescaram 153 grandes peixes (Jo 21,11) depois que o Ressuscitado lhes ordenou lançar as redes à direita do barco. Os estudiosos dizem que tal é o número de "todas" as espécies de peixes existentes no lago de Tiberíades. Portanto, a conclusão é de que a rede dos Apóstolos deverá recolher "todas" as nações humanas na mesma barca de Pedro, a Igreja. Por isso, ela se chamou "católica", isto é, destinada a todos.

Quanto às margens do lago, temos este testemunho do antigo historiador judeu Flávio Josefo: "Junto ao lago de Genesaré, há uma região com o mesmo nome, maravilhosa em suas características e em sua beleza. Graças ao solo rico, não há planta que não cresça ali, e os habitantes cultivam tudo". Suas margens eram tão férteis que eram chamadas de "paraíso na terra". No tempo de Jesus já era rica de vegetação, vinhas e pomares.

Um passeio de barco pelo lago, desligando o motor no meio dele para ouvir a leitura de páginas do Evangelho, é uma das lembranças mais comoventes que o peregrino leva de sua viagem pela Terra Santa. Espetáculo deslumbrante. Deixa saudades... Do lado oriental, a vista se estende pelas colinas de Golan, e mais longe se avista o grande Hermon, coroado de neve. Olhar de cima é um privilégio único. A vista é cem vezes mais bela e abrangente se contemplada do alto, de helicóptero, só que se perde aquele precioso silêncio que eleva você às alturas da mais tocante contemplação.

No sul do lago, fica o *kibutz Degania*, começado em 1909 com hebreus que fugiram da Rússia. Seu nome significa "depósito de trigo" e é considerado a mãe das colônias hebraicas porque foi o primeiro e bem-sucedido projeto. E eram pessoas sem experiência agrícola. Uma área de brejo, sem árvore alguma e onde imperava a malária, foi transformada em colônia florescente. *Kibutz* significa "companhia" e é uma forma de vida em coletividade, adotada por 7% da população de Israel. A lei do *kibutz* é somar forças e inteligências. Há *kibutz* de vários graus de socialização. Cada qual estabelece suas normas sobre relacionamento pais/filhos. Cada um é livre para entrar e sair. Para casar, o jovem tem de avisar o *kibutz* com antecedência, para ganhar apartamento. Não há salário, mas recebem algo para gastos pessoais. David Ben-Gurion, líder sionista (1886-1973), dizia que os judeus deviam competir com os árabes não na força, mas na técnica de transformar o deserto em áreas cultiváveis.

A visita a um *kibutz* sempre ensina muitas coisas. O que nós visitamos chamava-se *Ayelet Hashahar*, "a corça da aurora", nome inspirado no título do Sl 22,1. Chamou-me a atenção um museu de lá, com as antiguidades descobertas em Hasor, o maior sítio arqueológico da Palestina. No próprio *kibutz*, foram achados restos da época do Bronze antigo, ou seja, do ano 3.000 antes de Cristo.

Cante com a Igreja:

Senhor, Tu me olhaste nos olhos,
a sorrir, pronunciaste meu nome.
Lá na praia eu larguei o meu barco,
junto a Ti buscarei outro mar.
(Cesareo Gabarain)

11
O monte das bem-aventuranças
Oito caminhos para a Vida

Contam os Evangelhos que Jesus gostava de procurar lugares solitários onde pudesse rezar em silêncio, para depois encontrar as pessoas e ensinar. Um desses lugares identificados pela tradição é *Tabgha*, localidade situada na margem setentrional do lago da Galileia, aproximadamente a três quilômetros ao sul de Cafarnaum.

O nome *Tabgha* tem sua origem na deformação do grego *Heptapegon*, que significa "sete fontes". Em *Tabgha*, recordam-se três episódios evangélicos: o sermão da montanha (Mateus 5-7), a multiplicação dos pães e dos peixes (João 6) e o primado de Pedro com a aparição de Jesus ressuscitado aos apóstolos (João 21). A localização desses eventos em *Tabgha* é confirmada por um texto da peregrina Egéria ou Etéria, do século IV:

> Não muito distante (de Cafarnaum), avistam-se degraus de pedra, sobre os quais esteve o Senhor. Lá, junto ao mar, existe um campo verde, com feno abundante e muitas palmas, e próximo a este lu-

gar estão sete fontes, de cada uma delas brota água abundante. Foi nesse campo que o Senhor saciou uma multidão de pessoas com cinco pães e dois peixes. A pedra sobre a qual o Senhor colocou os pães foi transformada em altar... Próximo à parede da igreja passa a via pública, onde Mateus tinha seu telônio. Sobre um monte vizinho está o lugar onde o Senhor subiu para proferir as bem-aventuranças.

No relato de Mateus, as bem-aventuranças estão no início do Sermão da Montanha. Desse afirmou Gandhi: "Se se perdessem todos os livros sacros da humanidade, e só se salvasse o Sermão da Montanha, nada estaria perdido".

O evangelista Mateus diz que Jesus subiu à montanha e começou a ensinar: "Felizes os pobres... Felizes os não violentos... Felizes os misericordiosos... Felizes os de coração puro... Felizes os que promovem a paz..." (Mt 5,3-9). Essa "montanha" tem sido identificada, desde os tempos antigos, com uma colina situada a 2 km de Cafarnaum, na costa norte do mar da Galileia. A colina tem apenas 150 metros e fica ao norte do lago de Genesaré. Lá os Franciscanos encontraram, em 1935, ruínas de uma capela ornada de finos mosaicos dos séculos IV e VI. O santuário atual é um templo octogonal; os oito lados lembram as oito bem-aventuranças. Sua cúpula também é octogonal. Foi construído pelo arquiteto italiano Antonio Barluzzi em 1937 em estilo renascentista com ampla colunata ao redor, formando uma varanda. As pedras usadas são calcário branco e basalto negro, fazendo um gracioso contraste. No interior, há oito vitrais contendo cada qual o texto latino de uma das bem-aventuranças.

Em nossa peregrinação de 1985, aí passamos o Domingo de Ramos, tendo participado da Procissão de Ra-

11 - O monte das bem-aventuranças

mos e da Missa com peregrinos africanos da Nigéria. A primavera se manifestava nas laranjeiras e nas mangueiras em flor.

Reze com a Igreja:

Ó Deus, que prometestes aos pobres e aos humildes a glória de vosso reino, fazei que a Igreja não se deixe seduzir pelos atrativos do mundo, mas à semelhança dos pequenos do Evangelho siga com confiança seu Esposo e Senhor, para experimentar a força de vosso Espírito.

Visão panorâmica do Monte das Bem-Aventuranças

12
Os pães multiplicados
"Senhor, dai-nos sempre deste pão!"

Na planície, entre as sete fontes, está situado o edifício, do ano 1982, que lembra a multiplicação dos pães e dos peixes, o único milagre de Jesus narrado nos quatro evangelhos.

O terreno foi adquirido em 1888 por uma sociedade católica alemã e, desde 1939, lá residem monges Beneditinos. Sete anos antes, haviam começado as escavações, que descobriram o piso de mosaico de uma igreja do século V, construída sobre uma capela menor, feita no século anterior. Quando em 614 os persas destruíram a igreja bizantina que lá existia, o local exato do santuário ficou ignorado, sendo redescoberto somente 1.300 anos depois.

O santuário atual foi construído segundo o traçado da igreja bizantina do século V. A fachada é muito simples, toda de pedra, terminando com uma singela torre. Na entrada se passa por um pórtico formado por colunas; o interior tem uma nave central e duas naves laterais separadas por colunas com capitéis bem trabalhados. Tudo em um estilo bem despojado, para dirigir a atenção somente para o altar central. Segundo a peregrina

Etéria, a igreja do século IV continha também a pedra sobre a qual Jesus colocou os pães. E lá está sob o altar o bloco de pedra nua encontrado durante as escavações arqueológicas.

O piso, também recuperado da antiga igreja, é decorado com desenhos de várias aves e plantas aquáticas em paisagens características do Rio Nilo, muito usados na arte romana e bizantina. Um famoso mosaico desse santuário é o que se encontra bem na frente do altar, mostrando uma cesta com quatro pães, tendo de ambos os lados um peixe. Esses mosaicos estão entre os mais belos da Palestina. Todos se perguntam por que quatro pães e não cinco? O quinto é o pão celestial da Eucaristia: "o pão vivo descido do céu... para a vida do mundo" (Jo 6,51).

Aqui o peregrino louva a Deus pela Eucaristia, centro e ápice da vida e da missão da Igreja. Jesus, que sacia a fome da multidão, dá-nos o encargo: "Dai-lhes vós mesmos de comer" (Lc 9,13), chamando-nos à responsabilidade pela partilha dos recursos da terra. Pedimos também que Deus sacie nossa fome de paz, de união de fraternidade.

Esse belo santuário foi alvo de um atentado no ano 2015, quando desconhecidos o incendiaram deixando palavras em hebraico "contra os falsos deuses". Deve ter sido uma ação de judeus ultraortodoxos, conforme relataram os bombeiros israelenses.

O incêndio foi iniciado a partir de vários pontos, confirmando que era uma ação criminosa. As chamas foram rapidamente dominadas pelos bombeiros, mas um prédio, dentro do conjunto, foi completamente destruído, enquanto que a igreja não sofreu grandes danos. Os mosaicos do século V, recentemente restaurados, foram salvos. Depois de quase dois anos fechada, a igreja foi reaberta aos peregrinos em 2017.

Infelizmente, esse episódio de fanatismo não é único. Em 1969 um turista cristão australiano lançou fogo à mesquita Al-Aqsa de Jerusalém, provocando grandes danos.

Reze com a Igreja:

Ó Deus, que, na compaixão de vosso Filho para com os pobres e sofredores, manifestais vossa bondade paterna, fazei que o pão multiplicado por vossa providência seja repartido na caridade e a comunhão em vossos mistérios nos abra ao diálogo e ao serviço a todos os irmãos.

Interior da igreja da multiplicação dos Pães e Peixes

13
A igreja do primado de Pedro
"Servir é um ato de amor"

Depois da ressurreição, Jesus apareceu aos discípulos na praia, junto ao mar da Galileia. O quarto evangelho termina contando esse fato, no capítulo 21. Nessa ocasião, Jesus disse a Pedro as solenes palavras: "Apascenta meus cordeiros... apascenta minhas ovelhas" (v. 15s), confirmando a função de Pedro como chefe visível da Igreja. Mas, antes, Jesus lhe perguntou três vezes: "Pedro, tu me amas?" "Porque é serviço de amor apascentar o rebanho do Senhor", comentou Santo Agostinho.

Bem à beira desse mar, foi erguida pelos Franciscanos, em 1933, a igrejinha atual, sobre restos de edifícios antigos. Um modesto letreiro informa que se trata da *Sacellum Primatus Sancti Petri*, "Capela do Primado de São Pedro". Ela é pequena e construída em pedra cinza, com uma torre modesta em um canto. Em 1969, foram feitas, no subsolo da igreja, sondagens que revelaram a existência de restos de dois santuários mais antigos, a saber, dos séculos IV e V. Diante do altar, foi conservada uma rocha, que traz a inscrição *Mensa Christi*, "Mesa de Cristo". É considerada como o local da refeição de Jesus com os Apóstolos, no mesmo episódio narrado em João 21. Em sua narrativa, a peregrina Etéria informa que havia na praia alguns degraus de pedra onde Jesus apareceu aos discípulos que estavam na barca. Até mesmo esses degraus foram preservados até hoje: estão no exterior da capela, em seu lado sul, protegidos por grades. A tradição sustenta que foi daí que Jesus deu aos discípulos a ordem de lançar as redes para a direita, o que lhes proporcionou a pesca milagrosa.

Ali perto, encontra-se a estátua de Jesus com Pedro ajoelhado aos seus pés, mostrando o momento em que Pedro foi feito vigário de Cristo na terra com as palavras "Apascenta minhas ovelhas", escritas em inglês e em alemão: *Feed my Sheep, Weide meine Schafe*.

Uma praia feita de cascalhos e a calma do mar com a linda paisagem convidam à meditação. "Abençoa, Senhor, aquele que sucede a Pedro na liderança da Igreja".

Desse local, onde a água do lago é bem acessível, enchi com ela uma garrafinha para usar no batismo de meu sobrinho-neto quando voltasse ao Brasil. E ele foi batizado com a água do Jordão, como Jesus.

Reze pelo Papa:

Ó Jesus, Mestre e Pastor, olhai com carinho para o nosso Papa. Dai-lhe sabedoria para conduzir a Igreja, segundo o Evangelho, e coragem para lidar com os desafios do mundo atual. Que esse vosso servidor seja para todos nós um pai amigo, aberto e generoso para acolher as angústias e as tristezas do povo, mas também suas esperanças de tempos melhores e vida mais digna. Concedei a nosso Papa fortaleza nas dificuldades, luz nas incertezas, conforto nas horas de solidão e otimismo em todas as circunstâncias. Abençoai, Senhor, nosso Papa. Que sua simplicidade e seu testemunho de vida despertem, em cada pessoa, sincero desejo de maior comunhão com Deus e com os irmãos.

Interior da igreja do Primado de Pedro

14
Tabor
A glória que nos espera

Os evangelhos não dizem o nome do monte da Transfiguração, mas, desde o século III, o escritor Orígenes a situava no monte Tabor, de 588 metros de altura. Os três Sinóticos dizem apenas que Jesus conduziu Pedro, Tiago e João a uma alta montanha. Aí apareceu radiante de luz, ao lado de Moisés e Elias, como se estivesse antecipando a glória da Ressurreição (Mt 17,1s).

Já para os cananeus e os hebreus aquele monte era sagrado. Lugar estratégico também: local da vitória de Débora e Barac contra os cananeus do general Sísara (Jz 4,12). Na guerra judaica, Vespasiano atraiu os judeus para a planície, fazendo-os sair do Tabor e cercou-os. Os muçulmanos se fortificaram aí na guerra contra os Cruzados.

Fica na Galileia, a 32 km a leste de Nazaré. Na Bíblia, o Tabor aparece também nos Profetas e no Salmo 89,13, em que é exaltada sua beleza. É um monte simétrico, parece desenhado pela mão do próprio Deus, em forma de curva perfeita, dominando isoladamente a grande planície de Esdrelon, a mais fértil e mais bela da Palestina. De impressionante majestade, por sua vegetação e panorama, é uma montanha única na Palestina.

Quando, em 1920, Antonio Barluzzi começou a construir o atual santuário, não havia água nem estrada. Ainda hoje a estrada só permite a passagem de vans e carros pequenos.

Na frente da basílica, o Superior da comunidade franciscana nos explicou o simbolismo das três pontas que terminam o alto da fachada: sugerem as três tendas que Pedro propôs fazer para permanecerem naquele lugar: "É tão bom estarmos aqui..."

O primeiro monumento sacro que surgiu foi no século IV. Mais tarde, as basílicas eram três, para recordar as três tendas. Os Cruzados aumentaram o edifício e o fortificaram, entregando-o depois aos Beneditinos. Em 1187, derrotados os Cruzados, os sarracenos do sultão Malek al-Adel destruíram completamente o santuário em 1211. Reconstruído de forma modesta, em 1263, o sultão Bibaris o destruiu de novo. O local ficou abandonado até 1631, quando os Franciscanos obtiveram sua posse. Em 1924, Barluzzi terminou a construção da atual Basílica. Ele cobriu o teto com alabastro, mas, com a umidade, começou a vazar e foi substituído por placas de chumbo.

Na cripta, à qual se desce por 12 degraus, conserva-se o antigo altar encontrado nas escavações e pode-se tocar a rocha da montanha. O grande mosaico da abside central representa Cristo com Moisés e Elias, e Pedro, Tiago e João, com a frase *E transfigurou-se diante deles* em latim. Esse mosaico de fundo dourado recebe direto a luz do sol da tarde nos meses de maio, junho e julho. Às 16h, com o sol do poente iluminando os mosaicos, o espetáculo é belíssimo. Por isso se entende por que nos ícones antigos é o dourado e não o azul que representa o céu. Nos mosaicos da cripta, aparecem outras transfigurações de Jesus: Encarnação, Eucaristia, Paixão-Morte e Ressurreição. *Per crucem ad lucem*: "Pela Cruz à Luz".

Lá do alto do monte, o panorama é encantador: descortina-se a planície de Esdrelon, os montes Gelboé, o

Carmelo, as alturas de Nazaré e o Grande Hermon, aos pés do qual nasce o Rio Jordão.

Atualmente, os Franciscanos mantêm no Tabor, além da grande Basílica, um convento e uma hospedaria para peregrinos.

Enquanto descíamos a pé o monte Tabor, um colega fez uma brincadeira em inglês:

– Vocês sabiam que Jesus proibiu a televisão ao descer do monte com os discípulos?

– Proibiu a televisão, como assim?

– Pois Ele não disse: *Tell a vision to no one*? De fato, em inglês, pode soar assim o que Jesus disse em Mateus 17,9.

Reze com a Igreja:

Ó Pai bondoso, que não poupastes vosso Filho, mas o entregastes por nós pecadores; confirmai-nos na obediência da fé, para que sigamos em tudo seus passos e sejamos com Ele transfigurados na luz de vossa glória.

Igreja da Transfiguração no alto do Monte Tabor

15
Os Samaritanos e sua Páscoa
A água, fonte de vida

Fiquei sabendo que era muito interessante assistir à Páscoa dos samaritanos no monte Garizim, perto de Nablus, por eles conservarem os rituais exatamente como são descritos na Bíblia, com a imolação de cordeiros, orações, hinos. Só que nenhum de meus colegas da École Biblique se animou a me acompanhar nessa viagem de 63 km; então fui sozinho.

Os evangelhos falam diversas vezes dos samaritanos, termo que designa quem nasceu na região da Samaria, situada entre a Galileia e a Judeia. Jesus propôs um samaritano como exemplo de caridade em Lc 10,30-37. Ele curou dez leprosos, um dos quais era samaritano e foi o único que voltou para agradecer (Lc 17,11-19). Ele converteu junto ao poço de Jacó a mulher samaritana, que se tornou anunciadora do Messias para seus conterrâneos (Jo 4,7-42). Há também o episódio dos samaritanos que não receberam Jesus, porque Ele ia para Jerusalém (Lc 9,5-56). No inverno, para irem da Galileia à Judeia e vice-versa, os judeus passavam pelo vale do Jordão. No verão, o caminho pelas montanhas da Samaria era mais fresco, mas havia esse problema da antipatia dos samaritanos.

Foi um episódio do século VI a.C. que deu início a essa inimizade, que degenerou em cisma. Ao voltarem do exílio de Babilônia para Jerusalém, os judeus tinham de reconstruir o Templo, e os samaritanos ofereceram sua ajuda, que foi categoricamente rejeitada (Esd 4,2-5). Os judeus não quiseram mais considerá-los como hebreus do ponto de vista etnológico e religioso, por serem em grande parte descendentes dos colonos do império assírio e adotarem práticas menos ortodoxas. Com isso, os samaritanos se sentiram ofendidos e resolveram boicotar a reconstrução. Construíram seu próprio templo no monte Garizim, tido por eles como o monte em que Abraão, a convite de Deus, quase sacrificou seu filho Isaac. Para eles, é essa montanha, e não o monte Moriá, em Jerusalém, mencionado em 2Cr 3,1, o local designado para a construção do Templo sagrado. Mas o templo do Garizim foi destruído no século II a. C. por João Hircano. A questão sobre o lugar onde se devia adorar a Deus fez parte do diálogo de Jesus com a samaritana em Jo 4,20. Os samaritanos consideram como livros sagrados somente os cinco primeiros livros da Bíblia, o Pentateuco...

Há uma colônia dos samaritanos em Nablus e outra, bem maior, perto de Tel Aviv, que somam ao todo um pouco mais de 800 pessoas. O calendário deles conta os anos a partir da entrada em Canaã no final do êxodo, por isso, agora que estamos em 2020, eles estão no ano 3658.

Naquele ano de 1967, a Páscoa dos samaritanos foi no dia 26 de abril. O ônibus para Nablus, que fica aos pés do monte Garizim, saía de Jerusalém às 7h45. O nome desta cidade, terra de São Justino, apologeta do século I, é abreviação do nome grego *Flavia Neapolis*, (Cidade Nova), nome com o qual o imperador Tito fundou-a em 72 d.C., junto às ruínas da antiga Siquém. Fizemos uma

15 - Os Samaritanos e sua Páscoa

parada em Ramallah, atualmente sede da Autoridade Nacional Palestina. Consta que foi aí que José e Maria, voltando de Jerusalém, descobriram que o Menino Jesus não estava na caravana e tiveram de regressar à capital para encontrá-lo (Lc 2,45).

Uma hora depois, chegamos a Nablus, e não tive dificuldade para subir a pé os 881 m do monte Garizim. As cerimônias da *Pesach* dos samaritanos já haviam começado. Muitos homens com túnicas brancas e turbantes, e outros com roupas vermelhas. Tudo debaixo de tendas, pois não há construções no topo do monte. Havia muita gente, de modo que foi impossível chegar perto para observar os rituais. Cânticos e orações. Leituras da Bíblia em hebraico e aramaico. De repente, alguns soldados me tomaram pelo braço levando-me para uma tenda, como se eu estivesse preso. Aquilo durou uma eternidade. Mostrei o passaporte, documento essencial para qualquer estrangeiro sair de casa. Fiquei calmo, sem reação, simplesmente aguardando. Deu certo. Deixaram-me livre. Os brasileiros são simpáticos a ambos os povos que habitam a Terra Santa – judeus e palestinos. Essa mesma posição de neutralidade é adotada pelos samaritanos: "Nós não nos aliamos nem com judeus nem com palestinos. Por isso, somos respeitados pelos dois lados", afirmou um chefe samaritano. A quem vai em romaria à Terra Santa eu aconselho não usar acessórios que possam sugerir que você pertenceria a um dos dois povos. Aconselho mostrar-se ostensivamente como brasileiro: você será bem recebido em qualquer lugar.

Nas proximidades do monte Garizim, há vários lugares bíblicos que importa conhecer. Antes de tudo, a antiga Siquém, que foi o primeiro local da Terra Santa onde Abraão acampou, junto ao Carvalho de Moré, e onde levantou o primeiro altar. Aí Deus lhe fez a promessa: "À tua descendência darei esta terra" (Gn 12,7). Jacó, neto de Abraão, comprou em Siquém um campo, conforme consta em Gn 33,19. Nessa mesma cidade, Josué reuniu as doze tribos de Israel no final de sua vida, após a conquista da Terra Prometida, e fez o povo renovar a aliança com Deus (Js 24,14). As ruínas de Siquém fazem parte da aldeia muçulmana de Balata. Lá perto também é mostrado o túmulo de José, o filho de Jacó que se tornou vice-rei do Egito (Js 24,32).

Outra aldeia, chamada Askar, conserva a memória da bíblica Sicar, terra da samaritana que encontrou Jesus à beira do poço. Nem todo romeiro tem a felicidade de poder visitar esse poço, por se tratar de uma região onde ocorrem distúrbios frequentes.

Na romaria de 1985, quando íamos de Nablus para Jerusalém, passamos por Ramallah, onde um judeu havia tirado a vida de um árabe. Todos os quarteirões foram fechados com arame farpado e as esquinas foram ocupadas por soldados. Só mulheres e crianças podiam sair na rua.

A história recorda que sobre o poço da samaritana foi erguida uma igreja no século V, danificada pelos samaritanos e restaurada no tempo do imperador Justiniano (526-565). Os Cruzados construíram ali um templo com 3 naves, destruído pouco depois, em 1187. Em 1869, os gregos ortodoxos adquiriram a propriedade e, com a ajuda da igreja russa, começaram, em 1914, a reconstrução da igreja dos Cruzados. Os trabalhos foram interrompidos. Mas os visitantes são atendidos por um monge grego muito gentil, zelador da cripta, que lhes oferece água boa e fresca do poço que tem 32 metros de fundura. A mesma água que serviu para Jesus anunciar à samaritana a "água da graça", que se torna no fiel "fonte de água corrente para a vida eterna" (Jo 4,14).

Narrando aquele diálogo, o evangelista nos faz acompanhar a transformação admirável da samaritana

15 - Os Samaritanos e sua Páscoa

enquanto conversa com Jesus: primeiro ela o chamou de judeu, depois de senhor e profeta, até se perguntar: "Não será ele o Cristo?" (Jo 4,29). E ela se tornou anunciadora do Mestre, levando seus conterrâneos a aclamá-lo como "salvador do mundo", ao fim dos dois dias em que Jesus aceitou ficar com eles (Jo 4,40ss). E Jesus, com sua pedagogia divina, soube conquistar a confiança daquela mulher, que lhe abriu sua alma e recebeu do Mestre uma catequese viva, na qual poço, água, sede, tudo revela a missão do Messias de salvar o mundo. A crer nos evangelhos, essa mulher é a única pessoa a quem Jesus disse explicitamente: "O Messias sou eu" (Jo 4,26).

Reze com a Igreja:

Ó Deus, fonte da vida, vós ofereceis à humanidade, provada pela sede da água viva da graça, que brota da Rocha, Cristo Salvador; concedei a vosso povo o dom do Espírito, para que seja firme em professar sua fé e anuncie com alegria as maravilhas de vosso amor.

16
O Rio Jordão
Renascer para a vida em Cristo

Todo o vale do Jordão constitui uma das zonas mais fascinantes do mundo. Esse é o principal rio perene da Palestina. Sem o Jordão não haveria vida na região. Um israelense me disse: "Se nós tivéssemos um só dos rios do Brasil, isso aqui seria um paraíso!"

Nasce aos pés do belíssimo Hermon, de 2.793 metros de altura. Suas fontes encontram-se em Banias, que é a Cesareia de Filipe (Mt 16,13), antigo santuário de Pan, venerado na gruta onde está a nascente e em nichos esculpidos na rocha. Poética é a gruta-fonte e, sobretudo, sugestivas são as cascatas de água que descem a pouca distância da gruta. Em nossa visita, renovamos as promessas do Batismo.

O Jordão percorre 16 km até onde formava o lago Hulé, recentemente drenado para fins agrícolas. Uns 30 km adiante ele entra no lago de Tiberíades, que está a 212 m abaixo do nível do mar. Com uma largura média de 27 m, o rio prossegue na fossa do Jordão por 300 km sinuosos até terminar no Mar Morto. Mas, se fosse retilíneo, teria seu comprimento reduzido a ⅓, isto é, a 104 km. Em uma vista aérea, o Jordão, com seus inúmeros meandros, parece uma serpente a serpentear por entre as moitas. Onde nos tempos antigos era um matagal, refúgio proverbial de feras, hoje existem apenas pequenos arbustos.

Yarden, o nome hebraico do rio, significa "aquele que desce". E como desce! Quase mil metros desde a nascente até morrer no Mar Morto.

O Jordão foi cenário de vários episódios da história bíblica: os israelitas o atravessaram chefiados por Josué para entrar na Terra Prometida (Js 3,17); Elias subiu ao céu em um carro de fogo (2Rs 2,11); em suas margens João Batista anunciava seu batismo em preparação para a chegada do Messias (Mt 3,1) e naquelas águas ele o batizou.

Todo peregrino quer chegar ao local do batismo de Jesus. Muitos pedem, inclusive, para serem mergulhados em suas águas como que renovando seu batismo. Essa cerimônia costuma realizar-se em dois lugares: *Yardenit*, perto do mar da Galileia, onde a água é verde, tem estrutura, inclusive batas e toalhas para alugar; e *Qasr al-Yahud*, nome oficial do lugar também denominado *Al Maghtas* (= imersão), um remanso formado antes de o Jordão desembocar no Mar Morto com águas barrentas, mas é o local comprovado pela história. Fica a 8 km de Jericó. Em *Yardenit*, pudemos assistir a uma cerimônia na qual cristãos ortodoxos renovaram as promessas do Batismo vestidos com a túnica branca, com a qual desejam ser sepultados. Os romeiros eram, na maioria, idosos, e a romaria se considera uma preparação para o encontro com Deus na eternidade. Em *Al Maghtas*, foi construído, no século XV, o Monastério grego ortodoxo de São João e também existe uma capela franciscana de 1933. Foi nessa área que São João Paulo II presidiu, em março do ano 2000, uma Celebração Eucarística da qual participaram mais de 25 mil pessoas. Nesse lugar, o rio faz divisa entre a Jordânia e a Cisjordânia ocupada por Israel; de ambos os lados existem construções para acolher os romeiros. Em certas épocas de conflitos mais violentos, o lugar se torna perigoso, por isso inacessível.

Ainda parece ressoar por aquelas plagas a voz forte do Precursor: "Convertei-vos, pois está próximo o Reino dos Céus!" (Mt 3,2). E pensar que também se ouviu ali a voz do Pai: "Este é meu Filho amado..." (Mt 3,17).

Cante com a Igreja:

És água viva, és vida nova,
e todo dia me batizas outra vez.
Me fazes renascer, me fazes reviver.
Eu quero a água desta fonte de onde vens.
(Padre Zezinho)

Rio Jordão, Israel

17
O Mar Morto
Lembrança de uma cidade pecadora

Em árabe *Bahr Lut*, "Mar de Ló", é a depressão geológica mais profunda da terra, a 392 m abaixo do nível do mar. Seu comprimento é 85 km e a largura máxima é 17 km. A profundidade máxima das águas chega a 400 m. Nesse lugar é localizado o vale de *Sidim*, invadido pelas águas quando Sodoma e Gomorra foram destruídas. Com efeito, após dez anos de escavações, em 2015, arqueólogos, liderados pelo Prof. Steve Collins, acreditaram ter encontrado as ruínas da cidade bíblica de Sodoma.

A característica principal do Mar Morto é a intensa concentração de sais (24 a 26%, ao passo que nos oceanos não passa de 7%), que tornam tão amargas suas águas que não permitem nenhum tipo de vida (daí o nome "morto"). Lá não existem peixes, nem moluscos, nem algas. Dizem que só o bacilo do tétano pode resistir ao ambiente.

A densidade específica de suas águas é em média 1,119 g/cm^3, por isso o corpo humano, cuja densidade é de 1,010 g/cm^3, flutua sem afundar. A água parece o empurrar para cima. O Mar Morto não tem emissários: a forte evaporação impede o crescimento de seu nível. A oriente, veem-se as montanhas de Moab, entre as quais o monte Nebo, de 808 m, onde Moisés morreu aos 120 anos, após contemplar a terra prometida.

No calor intenso que costuma fazer naquelas paragens, é difícil resistir ao desejo de dar um mergulho no Mar Morto, ainda mais pela oportunidade, única no mundo, de sentir seu corpo boiando na água sem nenhum esforço, a ponto de você poder conseguir uma foto deitado de costas tendo um jornal aberto nas mãos. Em *Ain Boqeq*, uma das praias públicas do Mar Morto, é oferecido aos banhistas todo conforto possível: lama para massagens, duchas, toalhas e até estruturas completas de hotelaria. Enquanto a lama, com seus 21 minerais, é apregoada como rejuvenescedora da pele, a água do mar exige cautela para não entrar em contato com os olhos nem com alguma possível ferida na pele: uma ardência terrível seria o preço da ousadia.

Com a forte evaporação e o uso das águas do Jordão para irrigar lavouras, o Mar Morto está perdendo um metro de profundidade a cada ano. Uma solução imaginada é trazer para ele água do Mediterrâneo. A diferença de nível permitiria fazer cascatas artificiais para geração de energia. Viva a tecnologia!

Reze com a Igreja:

Ó Deus de bondade, que renovais em Cristo todas as coisas, diante de vós está nossa miséria; vós que mandastes vosso Filho não para condenar, mas para salvar o mundo, perdoai toda nossa culpa e fazei que refloresça em nosso coração o cântico da gratidão e da alegria.

18
Qumran
A Palavra de Deus, tesouro escondido

Quase à beira do mar Morto, a 12 km ao sul de Jericó, o peregrino pode admirar as ruínas de um antigo convento, do tempo de Jesus, tendo a oeste um imponente paredão rochoso cheio de grutas, que, durante vinte séculos, esconderam um segredo, revelado por mero acaso.

A epopeia da descoberta começa na primavera de 1947, quando um jovem beduíno, chamado *Muhammed ed-Dib* (Maomé o Lobo), pastor da tribo dos *Ta'âmireh*, preocupado e aflito pelo desaparecimento de uma cabra, viu um buraco na rocha e atirou uma pedra, pensando que talvez a cabra estivesse lá. Qual não foi seu espanto ao ouvir que a pedra produzira o barulho de um objeto quebrado! Juntou o rebanho e voltou para o acampamento, planejando voltar no dia seguinte com um amigo para desvendar aquele mistério.

Voltou em companhia de um primo, e entraram os dois na gruta. Descobriram lá dentro pedaços de cerâmica e 8 jarras ou ânforas intactas, 7 das quais vazias; dentro da oitava havia três rolos de couro, que levaram a um antiquário de Belém para lhe vender. Preço: 92 dólares.

O arcebispo sírio que comprou os objetos imaginou que seria algo precioso e vendeu-os por 250 mil dólares ao Estado de Israel.

Assim foram descobertos os primeiros Manuscritos do Mar Morto. A notícia da descoberta logo se espalhou e mais beduínos começaram a fazer buscas na região, procurando outras possíveis grutas. O mundo científico percebeu a importância do achado e a hipótese de que seria uma farsa foi logo rechaçada.

Mas, no ano seguinte, 1948, foi criado o Estado de Israel e irrompeu a primeira guerra entre árabes e israelenses, que só se acalmou com o Armistício de 1949, que fez a divisão do território entre os dois povos. A Cisjordânia, parte oriental da Palestina, onde está Qumran, ficou com os árabes, incorporada ao Reino Hashemita da Jordânia. Até 1956 foram descobertas nos arredores 11 grutas: 5 naturais e 6 escavadas no calcário argiloso. Como acontecera com as pirâmides e os túmulos do Egito, os saqueadores chegaram quase sempre na frente dos arqueólogos, na busca dos preciosos tesouros. Sem saber de que se tratava, alguns descobridores chegaram a cortar manuscritos em pedaços para obterem maior lucro na venda. Até em 2016, uma notícia fascinante informava que mais uma caverna tinha sido achada em Qumran, a 12ª, encontrada pelo arqueólogo Dr. Randall Price. Só que o único pergaminho achado estava em branco.

Para ter uma ideia da riqueza da descoberta, somente na gruta 4 foram encontrados 520 textos na forma de 15 mil fragmentos.

Escolas, Universidades e Museus mostraram seu interesse em pesquisar e desvendar aqueles segredos. Era evidente que estavam diante da maior descoberta arqueológica do século XX. Ficou esclarecido que se tratava de textos da época de Cristo, mais precisamente dos anos 168 a.C. até 70 d.C. Pela maior parte eram textos do

Antigo Testamento, de todos os 24 livros da Bíblia Hebraica, com exceção do livro de Ester. Os livros com mais cópias eram os Salmos, o Deuteronômio e Isaías, nessa ordem; exatamente os mais citados no Novo Testamento. Havia também textos apócrifos e obras próprias da Comunidade local.

Quem eram os proprietários daquela preciosa biblioteca? A hipótese que logo se confirmou é a de que se tratava dos essênios, seita judaica mencionada por antigos historiadores, uma comunidade ascética, de rígida disciplina. Escavando os arredores, foram descobertos restos de um grande edifício, que tinha salas, refeitório, fornos de cerâmica, piscinas, estábulo, cemitério e também moedas, cerâmica e peças de vestuário. Atualmente, uma passarela permite caminhar sobre essas ruínas do antigo mosteiro essênio. Pelos ossos achados no cemitério, quase todos de homens, calcula-se que ali viveram uns mil monges. Plínio, o Antigo, descreveu os essênios como gente "sem mulher, sem dinheiro e vivendo entre palmeiras". Seu princípio era amar a quem o amasse e odiar a quem o odiasse. Jesus se referiu a essa lei em Mt 5,43. João Batista e Jesus andaram por essa zona. De João Batista se diz que "habitava nos desertos" (Lc 1,80), talvez em um dos mosteiros da área, quem sabe, no de Qumran?

Quem visita hoje Qumran, assiste, na chegada, a um filme que apresenta um personagem que esteve na comunidade, mas que foi expulso por não se adaptar a ela. E o filme diz que esse personagem é o profeta João Batista.

Os monges de Qumran eram judeus que viviam isolados da comunidade hebraica, na austeridade e ascetismo rigoroso. Praticavam banhos rituais de purificação, consideravam-se eleitos e diziam que só na comunidade deles se alcançava a salvação. Era viva entre eles a espera do Messias, de dois Messias, aliás, um religioso e um político.

O nome Qumran, que os árabes pronunciam "Gumran", certamente vem de Gomorra, pois é provável que os bizantinos pensassem que era o local da cidade bíblica. Prevendo a invasão dos romanos, que de fato aconteceu na guerra judaica de 66 a 70 d.C., os essênios fugiram, depois de terem escondido nas grutas seu tesouro, que foi muito bem conservado graças ao clima seco do deserto.

Para demonstrar a importância daquela descoberta, basta dizer que nossos textos bíblicos se apoiavam, até então, em manuscritos dos quais os mais antigos eram de 1008, e agora possuímos textos mil anos mais antigos, mais próximos dos originais, por isso nos servem para confirmar a fidelidade da Bíblia que temos e para corrigir uma ou outra leitura duvidosa onde o original hebraico é incompreensível. Os textos achados em Qumran são restos de 1.050 rolos, dos quais 200 são textos bíblicos. A descoberta mais preciosa foi um rolo completo do livro de Isaías, com 7,35 m de comprimento, copiado no ano 100 a.C. Ele está guardado, com outros achados de Qumran e de outros lugares, no "Santuário do Livro", museu inaugurado em Jerusalém no ano 1965. A cúpula do museu imita a tampa das jarras em que foram achados os manuscritos. Elas são de cor branca, lembrando que os essênios se consideravam "filhos da luz".

Os manuscritos de Qumran continuam despertando o interesse dos estudiosos em muitas questões: por exemplo, para definir a originalidade do Cristianismo, para conhecer as diferentes correntes do Judaísmo antigo e para confirmar a fidelidade das nossas Escrituras Sagradas. Entre os pesquisadores vêm à tona opiniões curiosas, como a do teólogo luterano Oscar Cullmann (1902-1999), segundo a qual um grupo de monges essênios sobreviventes da guerra judaica se converteram ao Cristianismo e para eles teria sido escrito o 4º evangelho.

18 - Qumran

Cante com a Igreja:

Palavra de salvação
somente o céu tem pra dar.
Por isso o meu coração
se abre para escutar.
(Pe. Zezinho)

Ruínas de Qumran

Montanhas de Qumran onde foram encontrados os manuscritos

19
Massada
Luta por um ideal

Perto do oásis paradisíaco de *Ein Gedi*, que é lembrado na Bíblia por sua beleza (Ct 1,14), fica a fortaleza de Massada, nome que significa "cidadela". Herodes Magno construiu lá, em 36-30 a.C., um de seus palácios, reforçando e ampliando a antiga fortaleza. Trata-se de um imponente planalto escarpado, com penhascos íngremes que se elevam a até 400 m acima da planície ao redor. No ano 66 d.C., durante a guerra judaica, os zelotes ou sicários, seita nacionalista que combatia os romanos, apoderaram-se do local e resistiram aos romanos até o ano 73, quando o general Flávio Silva invadiu o recinto depois de uma resistência de 3 anos. Para invadir a fortaleza, os romanos fizeram no lado oeste uma rampa menos íngreme. Ao entrarem, só encontraram pessoas mortas, inclusive mulheres e crianças, que tinham praticado suicídio coletivo, decidido por sorteio. Mas ainda havia comida e "projéteis", pedras redondas que eram roladas sobre os inimigos.

Eleazar Ben Yair e seus 960 zelotas preferiram suicidar-se para não caírem nas mãos inimigas. A queda de Massada, último baluarte da guerra judaica de 70 d.C., marcou o fim da independência judaica. Antes de Massada, duas fortalezas herodianas tinham caído nas mãos dos romanos: *Herodion*, uma colina em forma de cone a 6-7 km ao sul de Belém, onde Herodes construiu um palácio e foi sepultado, e *Maqueronte*, entre os montes de Moab, na margem oriental do mar Morto, onde foi preso e decapitado João Batista, depois sepultado em Sebaste na Samaria.

O visitante tem hoje a sua disposição um cômodo teleférico construído em 1971 por uma firma suíça. Quem quiser subir a pé, em 15 minutos, chega ao topo pelo caminho dos romanos. E, para os mais fortes e corajosos, existe também uma trilha mais longa e difícil chamada "Caminho da Cobra".

Impressionante notar como naquela região, extremamente seca e de poucas chuvas, o rei Herodes conseguiu construir um sistema de aquedutos para abastecer com água de chuva várias cisternas que permitiram, inclusive, cultivar uma parte do planalto. Entre os restos arqueológicos da época romana estão os palácios de Herodes, armazéns, torres de defesa, cisternas e uma sinagoga, que é a única preservada desde o século I d.C.

Cante com a Igreja:

Quando o dia da paz renascer,
quando o sol da esperança brilhar,
eu vou cantar!
Quando o povo nas ruas sorrir
e a roseira de novo florir,
eu vou cantar!
(Zé Vicente)

20
Jericó
Ser um bom samaritano

Do alto do Monte das Oliveiras, que está no lado leste de Jerusalém, você começa a avistar o Deserto de Judá. É uma imensa região árida e sem vegetação, que vai descendo até o Mar Morto. O panorama é fantástico, único no mundo, formado por uma infinidade de pequenas colinas, que mais parecem ondas de um mar revolto. Ao entardecer, aquele conjunto de dunas ganha vida com os reflexos do sol poente, que forma um jogo de luz deslumbrante. Deserto lindo, colorido, incomparável.

Tudo areia, mas bastam as primeiras gotas da chuva de outono para surgirem os "lírios do campo" com seu vermelho vivo. É fácil compreender que, através dos séculos, o deserto exerce um fascínio especial como lugar do encontro com Deus e um convite à solidão contemplativa. Esse deserto serviu de moradia, entre os séculos IV e VII, a milhares de eremitas e cenobitas que viviam nas célebres "lauras" ou mosteiros, situados perto de uádis e torrentes, hoje quase sempre secos.

Descemos por esse deserto, fazendo o mesmo caminho daquele infeliz que caiu nas mãos dos assaltantes quando ia de Jerusalém a Jericó (Lc 10,30). Josué 15,7 cita Adomim, que significa "vermelho", como situado por aqui. O nome atual é *Kefar Adumim*; lá foi erguido um novo conjunto habitacional, mais um daqueles que fazem a Terra Santa perder seu aspecto idílico original. O nome faz alusão à cor vermelha da terra, causada pela presença de óxido de ferro. Mas São Jerônimo explicava de modo diferente, dizendo que ali os assaltantes derramaram tanto sangue que a terra ficou vermelha...

Jesus não podia escolher cenário mais realista para sua estupenda parábola. É a única parábola que tem cenário próprio, se excetuarmos a do fariseu e o publicano, situada no templo. Será que se baseia em um fato verídico? Nosso guia tentou explicar o porquê da omissão de socorro por parte do sacerdote e do levita da parábola: talvez porque ficariam impuros se tocassem um morto.

Compete a nós, hoje, diz o papa Francisco, fazer o papel do bom samaritano. A Igreja deve ser como um hospital de campanha, que acolhe os sofredores do mundo. Nosso povo machucado não pode ser tratado com ameaças. O papel da Igreja hoje é curar as feridas e aquecer os corações. Os cristãos devem distinguir-se pela misericórdia.

Jesus passou muitas vezes por ali, evitando a Samaria, que não era simpática aos judeus. É uma descida incrível: em 37 km você vai de 800 metros acima do nível do mar até 212 abaixo do mar. Justamente na metade do caminho, encontra-se *Khan al-Hatruri*, considerada como sendo a hospedaria do bom samaritano, fortaleza destinada a proteger os viajantes dos assaltos. Sempre foi um lugar de pousada para os caminheiros.

No meio do caminho está uma placa dizendo que ali é o nível do Mar Mediterrâneo, mas vamos descendo ainda. A 258 m abaixo do nível do mar, encontra-se Jericó, que na Bíblia é chamada "cidade das palmeiras" (Jz 3,13).

Em árabe, seu nome é *Ariha*, "cidade da lua", porque lá se veneravam deuses lunares. É um oásis encantador em pleno deserto de Judá. Impressiona ver correr, como um regato, a fonte de Eliseu, *Ain as-Sultan*, citada na Bíblia em 2Rs 2,21 porque foi esse profeta que saneou aquelas águas que antes "tornavam o país estéril".

Desde meados do século XIX, o local tem despertado o interesse dos arqueólogos, que fizeram escavações. Em 1911, Ernest Sellin descobriu que a cidade antiga mudou de lugar, sendo habitada mais ao norte no Antigo Testamento e mais ao sul no Novo. A parte mais antiga denomina-se *Tel as-Sultan*, que é a Jericó cananeia, a primeira cidade que Josué e os hebreus conquistaram entrando na Terra Prometida. Ali teria ocorrido a famosa história dos muros que caíram ao toque das trombetas (Js 6,20). "Teria", porque, nos meados do século XX, as pesquisas da arqueóloga inglesa Kathleen Kenyon (1906-1978) não descobriram sinal algum de ocupação humana correspondente à época de Josué, o chamado "Bronze Recente". Mas o que foi encontrado faz de Jericó a cidade mais antiga até hoje conhecida, pois foram identificados muros e uma torre redonda com 22 degraus, datando do período neolítico, mais exatamente do ano 7.200 a.C.

Jericó é citada na história dos profetas Elias e Eliseu, pois ali floresceu uma escola de profetas que eles visitaram muitas vezes. A Jericó do tempo de Jesus fica mais ao sul. É chamada de *Tulul Abu-l-Alayiq* ou Jericó herodiana, pois foi o rei Herodes Magno que a embelezou construindo seu palácio de inverno, hipódromo e anfiteatro, além de jardins. Ali se mostra ao peregrino a fonte do profeta Eliseu e uma grande árvore, considerada como o sicômoro ou figueira brava na qual subiu Zaqueu para ver Jesus passar, como narra Lc 19,4. Um milagre ali realizado por Jesus foi a cura do cego Bartimeu, que se pôs a segui-lo, conforme Mc 10,52. A Jericó moderna tem 20 mil habitantes. Os muitos jardins e pomares cheios de árvores frutíferas estão a indicar a fertilidade da terra. Ainda hoje pode orgulhar-se de suas rosas, que na Bíblia a Sabedoria tomou como ponto de comparação em seu autoelogio de Eclesiástico 24,18: "Cresci como canteiro de rosas em Jericó". É uma das poucas cidades sob administração palestina. Para turistas e peregrinos isso não faz diferença. Houve lá um campo de refugiados palestinos que chegou a ter 300 mil moradores. Agora 90% das casas estão semidestruídas e só poucos moram lá.

Nossa ida a Jericó completou-se com uma subida a pé até o Monte da Tentação, em árabe *Djebel Quruntul*, cujo nome recorda os quarenta dias que Jesus passou no deserto sendo tentado pelo diabo, que lhe mostrou "todos os reinos do mundo" (Mt 4,8). É uma bela montanha, cheia de grutas, que se ergue a pique sobre a planície. No meio dela, agarrado à pedra como se fosse um ninho, está um mosteiro grego, construído em 1895, que os monges abrem à visitação. Agora há um teleférico que conduz, não ao topo da montanha, mas até sua metade. E os flamenguistas vão sentir-se em casa, porque ele tem as cores vermelho e preto...

Cante com a Igreja:

Peregrinos, aprendemos nesta estrada
o que o bom samaritano ensinou:
ao passar por uma vida ameaçada,
ele a viu, compadeceu-se e cuidou.
(José Antônio de Oliveira – CF 2020)

21
Betânia
Ele é a Ressurreição e a Vida

Os evangelhos mencionam dois lugares com o nome de Betânia: um que ficava do outro lado do Jordão, onde João estava batizando (Jo 1,28), e o outro, mais conhecido, a aldeia dos três irmãos amigos de Jesus: Marta, Maria e Lázaro. Essa Betânia nos fala de amizade, de acolhida e de descanso que Jesus procurava em meio a seus afazeres de pregador itinerante. Ali aconteceram, além das visitas à casa de Marta e Maria, a unção durante o jantar na casa de Simão, o leproso (Mt 26,6-13), e, sobretudo, o extraordinário milagre da ressurreição de Lázaro. Os cristãos do século IV construíram uma igreja sobre o lugar da sepultura dele e deram à aldeia o nome de "Lazarium", que se conserva no nome atual que em árabe é *al-Azariye*.

Betânia fica perto de Jerusalém, na estrada que vai para Jericó. O local era habitado desde a época persa, conforme os achados arqueológicos. João 11,17 diz que de Betânia a Jerusalém a distância é de 15 estádios, ou seja, 2.700 m. O atual santuário é obra do arquiteto Antonio Barluzzi, erguido sobre ruínas de igrejas antigas e terminado em 1953. As paredes internas são ornadas por três mosaicos de Cesare Vagarini mostrando fatos dos evangelhos acontecidos em Betânia. No mosaico atrás do altar, Jesus está diante de Marta e Maria, irmãs de Lázaro, e de outros curiosos, pronunciando a frase: *Ego sum resurrectio et vita*. "Eu sou a ressurreição e a vida" (Jo 11,25). Betânia tem 17 mil habitantes, muçulmanos na grande maioria. Trinta famílias cristãs residentes na cidade são sustentadas em sua fé pelos zelosos Franciscanos que guardam o santuário.

Perto está o túmulo de Lázaro ao qual se desce por uma escada de 24 degraus até o vestíbulo de 3 metros de largura e, por meio de uma abertura, penetra-se por 3 degraus na sala mortuária, onde foi deposto Lázaro. O evangelista João informa que o túmulo era uma gruta, fechada por uma pedra (11,38). Ali aconteceu o milagre inaudito de um morto sepultado há quatro dias voltar a viver. A repercussão foi tão grande que os inimigos de Jesus decidiram matar também Lázaro, testemunho vivo do poder do Mestre (Jo 12,10).

Betânia, repouso do Mestre em meio a seus amigos, recorda-nos a canção:

"Abençoa, Senhor, meus amigos e minhas amigas e dai-lhes a paz.
Aqueles a quem ajudei, que eu ajude ainda mais.
Aqueles a quem magoei, que eu não magoe mais.
Saibamos deixar um no outro uma saudade que faz bem.
Abençoa, Senhor, meus amigos e minhas amigas.
Amém".
(Pe. Zezinho)

Reze com a Igreja:

Pai Santo, vós que manifestastes vossa compaixão nas lágrimas de Jesus pelo amigo Lázaro, olhai hoje a aflição da Igreja que chora e reza por seus filhos mortos pelo pecado e, com a força do vosso Espírito, chamai-os de volta à vida nova.

Santuário da ressurreição de Lázaro em Betânia

Interior do Santuário da ressurreição de Lázaro em Betânia

22
O Pai-Nosso
A família de Deus em oração

Perto do topo do monte das Oliveiras, fica o local do Pai-Nosso. Sobre uma gruta, a imperatriz Santa Helena mandou construir uma de suas Basílicas, que chamou de *In Eleona*, isto é, "no Oliveto". Aqui em 614, quando da invasão de Cósroes II (590-628), rei da Pérsia, 1207 religiosos do Oliveto foram vítimas da raiva impiedosa dos invasores.

Sobre as ruínas dessa igreja, os Cruzados construíram a igreja do *Pater*. É localizada ali porque, conforme Lucas, Jesus ensinou aos discípulos a Oração do Senhor logo após ter visitado Marta e Maria em Betânia (Lc 11,1-4). Por isso é nesses arredores que se deve situar o episódio. É sabido que, no relato de Mateus, no meio do Sermão da Montanha, Jesus ensina a rezar o Pai-Nosso (Mt 6,9-13). E foi a versão de Mateus que foi adotada pela Igreja.

O santuário atual, fundado em 1875, é mantido pelas Monjas Carmelitas. A maravilha desse local é que ele conserva as palavras do *Pater Noster* em mais de 50 línguas nas paredes das varandas de seu claustro. Em nossa visita, rezamos o Pai-Nosso em seis línguas.

Se podemos chamar a Deus com o doce nome de "Pai", é porque Jesus nos ensinou a invocar a Deus como Ele próprio o invocava. Foi Ele que compôs para nós essa que é "a mais perfeita das orações" (S. Tomás de Aquino) e "síntese de todo o Evangelho" (Tertuliano). Dos sete pedidos dessa oração, três se referem a Deus – seu Nome, seu Reino, sua Vontade – e quatro se referem a nós: pão, perdão, sermos livres do pecado e de todo o mal.

Na oração hebraica, pedia-se o pão para um ano; Jesus mandou pedir para um dia, em uma referência ao maná (Êx 16,19). A versão francesa exprime bem a ideia, pedindo *le pain de ce jour*, "o pão deste dia".

O Pai-Nosso rezado em português já sofreu uma modificação nas palavras "perdoai as nossas dívidas", que passaram a ser "perdoai as nossas ofensas". Na língua italiana, essa mudança ainda não foi feita, mas um outro pedido será modificado a partir de 29.11.2020: não se dirá mais *non ci indurre in tentazione* (não nos leveis à tentação) e sim *non abbandonarci alla tentazione* (não nos abandoneis à tentação). São tentativas de exprimir melhor o que Jesus quis dizer.

Reze como Jesus ensinou:

"Pai nosso, que estais nos céus, santificado seja o vosso nome, venha a nós o vosso reino, seja feita a vossa vontade, assim na terra como no céu. O pão nosso de cada dia nos dai hoje; perdoai-nos as nossas ofensas, assim como nós perdoamos a quem nos tem ofendido; e não nos deixeis cair em tentação, mas livrai-nos do mal".

"Deus eterno e todo-poderoso, a quem ousamos chamar de Pai, dai-nos cada vez mais um coração de filhos, para alcançarmos um dia a herança prometida. Por nosso Senhor Jesus Cristo, vosso Filho, na unidade do Espírito Santo."

23
E Jesus chorou...
As angústias de ontem e de hoje

Em Jerusalém, na encosta ocidental do monte das Oliveiras, encontra-se a graciosa capela *Dominus flevit*, projeto de A. Barluzzi, edificada em 1955 sobre restos de uma igreja bizantina do século VII, em um terreno adquirido pelos Franciscanos em 1881. De pequenas proporções, ela é um quadrado de pedras brancas coberto por uma cúpula negra. Sua forma lembra a de uma gota de lágrima. A seu redor, um jardim com ciprestes, oliveiras e palmeiras, formando um cenário de paz e silêncio.

Recorda o momento em que Jesus chorou sobre a cidade de Jerusalém (Lc 19,41), prevendo sua destruição pelos romanos, o que aconteceu no ano 70. No jardim descobriram uma centena de túmulos, que vão da idade do bronze aos períodos romano, herodiano e bizantino, inclusive túmulos de cristãos com nome que aparecem nos evangelhos, como Marta, Maria, Alfeu e Simão filho de Jonas.

Em seu interior, ao redor da cúpula, quatro relevos representam cenas relacionadas com a entrada de Jesus em Jerusalém no Domingo de Ramos, pois, segundo Lucas, foi após essa entrada que Jesus chorou sobre Jerusalém, dizendo: "Não deixarão em ti pedra sobre pedra, porque não reconheceste o tempo da visita de Deus" (Lc 19,44).

Do lado que dá para o ocidente, uma grande janela de vidro em forma de semicírculo, contendo, em sua armação de ferro, uma cruz, o cálice com a hóstia, flores e espinhos, permite ver o mesmo panorama extraordinário que Jesus contemplou: o vale do Cedron com seus túmulos; a extensa linha dourada formada pelos muros; a enorme esplanada do antigo Templo com a Cúpula da Rocha, chamada Mesquita de Omar; mais além as cúpulas da basílica do Santo Sepulcro; a torre do convento franciscano de São Salvador, sede da Custódia da Terra Santa; do lado esquerdo as escavações ao sul da muralha, que revelaram a antiga Cidade de Davi; mais além, por entre árvores, a igreja de São Pedro *in Gallicantu*; e ao fundo, na linha do horizonte, a basílica da Dormição de Maria, no monte Sião. Sem dúvida, é o melhor ponto para se contemplar a Cidade Velha.

Se fosse hoje, qual seria a reação de Jesus ao olhar para a Cidade Santa? Jerusalém, *beata pacis visio,* "visão feliz de paz", é um ideal que está longe de se realizar. Quando Ele nasceu, os anjos cantaram "paz na terra". "Ele é nossa paz; dos dois povos fez um só povo" (Ef 2,14). Jesus, venha vosso Reino de amor, de justiça e de paz! "Nós todos sonhamos com a paz nesta terra. Há boa vontade de ambos os lados, mas há também os extremistas. Não desanimar, mas construir pontes", diz Irmã Mila Diaz Solano, Dominicana estudante em Jerusalém. "Palestinos e israelenses sempre viverão onde estão. Pode ser em paz ou pode ser em conflito. A escolha é deles" (Guga Chacra, *Saudades de sonhar com a paz*, em O Globo, 6.6.2019).

23 - E Jesus chorou...

Reze com o Salmista:

Indicai-me, Senhor, a estrada que devo seguir,
porque a vós elevo minha alma.
Ensinai-me a cumprir vossa vontade,
porque sois o meu Deus.
Vosso espírito bom me guie por uma terra plana.
(Sl 143,8-10)

Capela Dominus Flevit no monte das Oliveiras em Jerusalém

24
Os muros de Jerusalém
"Nossa fortaleza é o Deus de Jacó"

Uma das caminhadas mais sugestivas na Jerusalém atual é dar a volta em torno da cidade percorrendo o alto de suas muralhas. O comprimento delas é 4.018 m, sua altura média é 12 m e a espessura média 8,5 m. Elas cercam, até hoje, a parte antiga, chamada Cidade Velha, onde está a maioria dos lugares sagrados. Essa parte, com cerca de 1 km², compreende quatro bairros: o judeu, o cristão, o muçulmano e o armênio.

As grandes cidades de antigamente eram rodeadas de altas muralhas para sua proteção e defesa. Uma cidade sem muros estaria exposta à invasão de exércitos inimigos e também ao ataque de animais ferozes. As poderosas muralhas, que davam segurança às cidades, serviam de figura da proteção divina, como no Sl 46,8: "Nossa fortaleza é o Deus de Jacó".

Vestígios arqueológicos demonstram que Jerusalém era habitada desde o ano 3.000 antes de Cristo. Entre os povos que a habitavam, destacam-se os jebuseus, que os soldados de Josué não tinham conseguido expulsar do território. Assim, quando Davi decidiu fazer dela sua capital, porque estaria bem no centro de seu reino, teve de desalojá-los. Mas era uma cidade tão fortificada que até coxos e cegos seriam capazes de defendê-la, diz a Bíblia (2Sm 5,6). No entanto, os israelitas descobriram uma entrada passando por um túnel e invadiram a cidade, certamente à noite. O relato bíblico não menciona combates. Desse ponto Davi partiu para tomar Jerusalém. Um capitão inglês do século XIX fez esse caminho e mostrou que era possível.

Quando os babilônios de Nabucodonosor conquistaram Jerusalém, em 587 a.C., destruíram as muralhas juntamente com o Templo de Salomão e toda a cidade. A restauração dos muros só aconteceria 144 anos depois com Neemias. Alguns chefes estrangeiros procuraram impedir as obras, de modo que os voluntários para a reconstrução foram repartidos em duas turmas: a dos operários e a dos soldados. A tarefa foi dividida em partes, cada um trabalhando mais ou menos perto de sua casa. O capítulo 3 do livro de Neemias guardou para nós uma lista preciosa que menciona cada um dos trechos e o nome de seus responsáveis. Serve como guia turístico! Ali se encontram os nomes das várias portas: a das Águas, dos Peixes, dos Cavalos, das Ovelhas, do Vale, do Ângulo, do Oriente... Em 52 dias tudo ficou pronto. Jerusalém tinha de novo seus muros fortes e possantes. No tempo de Neemias, as muralhas mediam 1600 metros e tinham 8 metros de altura.

Os muros atuais de Jerusalém são do tempo do Império Otomano; Suleiman, o Magnífico, construiu-os em 1542. Eles não incluem a área da antiga capital de Davi, que consistia em um promontório estreito que avançava rumo ao sul ocupando a colina chamada Ofel. A cidade cresceu para o norte com as construções de Salomão e também para o oeste, para o monte Sião. Pouco tempo depois da morte de Jesus, o rei Herodes Ântipas ampliou os muros de Jerusalém para o norte e para o oeste, passando a incluir o Calvário, que antes ficava do lado de fora.

Os muros atuais têm 34 pequenas torres e oito portas: uma fechada (a Dourada), uma nova, que é do ano 1882, e as outras são feitas sobre portas antigas.

Em sentido horário, começando do lado norte temos:
Porta de Herodes: O nome dessa porta vem de uma casa vizinha que se pensava ser a de Herodes Ântipas. Em árabe se chama *Bab az-Zahira*, "Porta das Flores". É caminho para os mercados da Cidade Velha.

Porta dos Leões: esse nome foi dado por causa de esculturas de animais ferozes esculpidas sobre ela, que, na verdade, são tigres, o símbolo heráldico do Sultão Bibars do século XIII. A Porta dos Leões conduz ao Tanque de Betesda e à Via Dolorosa. Outro nome para ela é Porta de Santo Estêvão, por causa de uma tradição que situa nas proximidades o apedrejamento desse primeiro mártir cristão. É também chamada "Porta das Ovelhas", porque por ela entravam os animais que seriam sacrificados no Templo.

Porta Dourada: essa porta, que fica do lado leste como a anterior, é talvez a mais conhecida. Também chamada de Porta da Misericórdia ou Portão Oriental, ela está fechada há séculos e diz-se que aguarda uma abertura milagrosa quando o Messias vier e os mortos forem ressuscitados.

Porta do Esterco: fica do lado sul e servia de passagem para o lixo que ia para a geena ou Vale do Hinon. Mais tarde, foi chamada de Porta dos Essênios. Conduz diretamente ao Muro Ocidental e ao Parque Arqueológico do Muro Sul.

Porta de Sião: em árabe tem o nome de Porta de Davi, por estar próxima do túmulo do rei Davi, ao lado do Monte Sião. Fica do lado oeste e se abre para os bairros armênio e judeu. Na frente dela está o Palácio de Caifás. Essa porta está cheia de buracos das balas dos soldados disparadas no período de 1948 a 1967 quando era fronteira.

Porta de Jafa: também do lado oeste, é feita sobre alicerces do tempo dos Cruzados e de Herodes. Era aqui o palácio de Herodes, com três torres: Hípicos, Fasael e Mariamne. Perto da porta de Jafa está a Torre de Davi e a coluna do imperador romano Trajano, do ano 116, com inscrição latina. Os peregrinos passavam por essa porta ao chegarem do porto de Jafa, por isso seu nome. Essa porta conduz aos bairros judeu e cristão, ao mercado e ao Museu da Torre de Davi.

Porta Nova: foi aberta no século XIX para permitir aos peregrinos cristãos um acesso mais rápido aos lugares sagrados dentro das muralhas.

Porta de Damasco: é a mais monumental das portas de Jerusalém. Os árabes a chamam de *Bab al-Amud*, "Porta da Coluna", nome antigo, que recorda a coluna de ouro, que lá havia, mãe de todos os marcos miliares do Oriente. Essa coluna é bem visível no histórico mosaico bizantino do século VI, que mostra a Terra Santa e é conservado na igreja ortodoxa de São Jorge, na cidade de Madabá, na Jordânia, a 35 km a sudoeste da capital Amã. A porta, que é do século XVI, está sobre uma porta dos Cruzados, a qual, por sua vez, fora feita sobre uma outra do tempo do imperador Adriano. Na nova configuração que Adriano deu à cidade, aqui começava o *cardo maximus*, a rua principal. Nessa porta, também virada para o norte, começa a Nablus Road, ou *Derech Shechem* em hebraico, onde está a École Biblique dos Dominicanos, que frequentei em 1966-1967.

Reze com a Bíblia:

Pedi a paz para Jerusalém:
prosperem os que te amam.
Haja paz dentro de teus muros
prosperidade em teus palácios.
(Sl 122,6s)

25
O Tanque de Betesda
"Eu não tenho ninguém"

Também chamado de "piscina probática", isto é, das ovelhas, esse lugar fica no início da Via Dolorosa e perto da Porta das Ovelhas. Era fora da cidade no tempo de Jesus. O reservatório de água, dividido em dois tanques, media 120 m por 60. Conforme o evangelho de João, era um santuário popular, onde muitos doentes esperavam a cura, quando a água borbulhava. Tinha também o sugestivo nome de *Bethzata*, que significa "Casa da Misericórdia". O evangelista João, que é muito exato ao escrever locais, diz que "existe em Jerusalém, junto à Porta das Ovelhas, uma piscina que, em hebraico, se chama *Bethzata*, com cinco pórticos" (5,2). Os comentadores se esforçavam para imaginar que figura insólita ela teria com esses cinco pórticos... Feitas as escavações em 1871, os arqueólogos foram unânimes em considerar autêntico o local como o cenário do milagre narrado em João 5. Sim, de fato eram cinco, porque se trata de um retângulo dividido ao meio.

Nesse lugar, Jesus encontrou um paralítico que há 38 anos estava esperando o milagre da cura. Ele disse: "Senhor, eu não tenho ninguém" (Jo 5,7), ninguém para me jogar na água quando ela se move. A longa solidão de

38 anos estava chegando ao fim. Jesus lhe fez uma pergunta, cuja resposta parece óbvia: "Queres ficar curado?" Pergunta de um fino psicólogo, de um experiente pedagogo. Pois há tanta gente que quer e não quer ao mesmo tempo... Há correntes tão fortes prendendo pessoas, que, pela vontade delas, às vezes, não conseguem quebrá-las. Jesus o curou com uma só palavra: "Levanta-te, pega teu leito e anda!" E, no mesmo instante, ele ficou curado (v. 8s). Como era sábado aquele dia, a ordem de Jesus foi considerada violação da lei do repouso. Mas Jesus veio "para que tenham a vida, e a tenham em abundância" (Jo 10,10). Colocava a vida acima da lei. Simples assim.

A piscina probática era mencionada já no ano 333 pelo peregrino de Bordéus. Textos antigos falam também de uma igreja do paralítico, cujos restos foram achados em 1957 em novas escavações. Era uma igreja bizantina com três naves. Essa foi destruída pelos muçulmanos e depois surgiu uma igreja feita pelos Cruzados, dedicada a São Salvador. Guardava-se lá o suposto leito do paralítico curado. Atualmente, o visitante encontra no local muros, alicerces, fragmentos de colunas e capitéis, tudo relacionado ao milagre do paralítico, um dos sete sinais de Jesus que João relatou em seu Evangelho "para que acrediteis que Jesus é o Cristo, o Filho de Deus, e para que, acreditando, tenhais a vida em seu nome" (Jo 20,31).

Cante com a Igreja:

Vamos, Jesus, passear na minha vida.
Quero voltar aos lugares em que fiquei só.
Quero voltar lá contigo, vendo que estavas comigo.
Quero sentir teu amor a me embalar.
Cura, Senhor, onde dói,
Cura, Senhor, bem aqui.
Cura, Senhor, onde eu não posso ir.
(Pe. Antônio Maria)

26
A piscina de Siloé
Jesus é a Luz do mundo

Um outro sinal, o sexto, que precede ao grande milagre da ressurreição de Lázaro, é realizado na piscina de Siloé e está narrado por João no capítulo 9. Encontrando um cego de nascença, os discípulos perguntam a Jesus quem teria pecado, para ele nascer cego. Jesus rejeita essa suposta ligação entre pecado e deficiência visual e diz que o cego será curado para a glória de Deus e para mostrar que Ele, Jesus, é a luz do mundo (Jo 9,5). Faz lama com a saliva, aplica-a nos olhos do cego e manda-o lavar-se na piscina de Siloé. O milagre acontece e, de novo, é sábado e os judeus acusam Jesus de violar a lei. O nome *Siloé* significa "enviado", nome bem aplicado a Jesus, que o Pai envia para curar os males do mundo.

Houve aqui, no século V, uma igreja consagrada ao "Salvador Iluminador", que foi destruída no ano 614; mas alguns restos seus foram achados em 1896. Sobre eles os muçulmanos ergueram um minarete e uma mesquita.

A piscina de Siloé tem 16 m por 4,25 e fica aos pés da colina do Ofel. É alimentada pelas águas da Fonte Guion, a única existente em Jerusalém. Acontece que a fonte brotava de uma gruta situada fora dos muros e seria inútil em tempo de guerra quando as cidades costumavam ser sitiadas pelos inimigos. No tempo do rei Ezequias (716-687 a.C.), a principal ameaça externa vinha da Assíria, que chegou com seus exércitos às portas de Jerusalém (Is 36,1s). Esse rei mandou cercar com muros a fonte e desviar suas águas para dentro da cidade, para a piscina de Siloé. A ligação com a piscina é um túnel de 513 m em forma de "S", que começa na fonte Guion e passa por baixo da cidade de Davi. É uma fantástica obra de engenharia, cavada na rocha sólida e mencionada também na Bíblia: "Ezequias obstruiu a saída superior das águas do Guion e as canalizou para baixo, para o ocidente da Cidade de Davi" (2Cr 32,30). Em outro lugar, diz a Bíblia: "Ezequias fortificou sua cidade e trouxe água a seu interior; cavou a rocha com o ferro e construiu reservatórios para a água" (Eclo 48,19).

Em 1880, foi encontrada uma inscrição de seis linhas, da época desse rei, descrevendo como os operários fizeram a obra. Esse achado está hoje no museu de Istambul, na Turquia. Para quem gosta de aventura, atravessar o túnel estreito com água até os joelhos pode ser um desafio único.

Os arredores de Siloé são ricos em recordações da história bíblica. Foi aqui que o sacerdote Melquisedec, rei de Salém, veio ao encontro de Abraão (Gn 14,17). Ali perto, no vale do Cedron, Salomão tinha seus jardins (Ne 3,15). A fonte Guion é chamada pelos cristãos de *Ain Sitti Mariam*, Fonte da Virgem, porque foi nesse local, "na extremidade do canal do açude superior", que o profeta Isaías anunciou ao rei Acaz a promessa: "A Virgem conceberá..." (Is 7,14).

Toda essa história deixou suas marcas em Jerusalém. Restos dos muros dos jebuseus foram descobertos pela arqueóloga inglesa Kathleen Kenyon, com outros muros que podem ser do tempo de Neemias. Há também um alicerce em forma circular que pode ter sido da torre de Siloé, aquela que caiu matando 18 operários (Lc 13,4). Da cidade dos jebuseus sobrou também uma torre, restaurada por Neemias e pelos Macabeus. Há ainda restos de casas destruídas na invasão de Nabucodonosor. Nós, leigos no assunto, ficamos admirados ao descobrir como as pedras falam! Quem é do ramo pode ficar comentando meia hora só em torno de uma delas! Sobretudo quando é o próprio arqueólogo que está nos mostrando as descobertas que ele fez!

Cante com a Igreja:

Tu anseias, eu bem sei, por salvação.
Tens desejo de banir a escuridão.
Abre, pois, de par em par teu coração
e deixa a luz do céu entrar.
(Charles H. Gabriel)

Ruínas da antiga Piscina de Siloé

27
O Muro das Lamentações
Saudades do grande Templo

Conforme a tradição, na rocha sagrada do monte Moriá em Jerusalém, Abraão preparou o sacrifício de Isaac (Gn 22,2), e naquela área Salomão construiu seu magnífico Templo (2Cr 3,1). Sobre a rocha estava a base do altar dos holocaustos. Debaixo da rocha há uma gruta na qual teriam rezado Abraão, Davi, Salomão e Elias. Devia, talvez, servir para recolher o sangue que descia do altar dos sacrifícios. Ali também rezou Maomé antes de subir ao céu, como acreditam os muçulmanos. Por isso o local é sagrado também para eles. Espera-se que nessa rocha vai ressoar a trombeta do juízo final e nela Deus colocará seu trono.

A história narra que, na grande esplanada em parte artificial, do monte Moriá, o rei Salomão construiu em 960 um templo rico e grandioso: o único templo do povo hebreu, centro e alma de toda a sua história religiosa e política. Destruído pelos caldeus de Nabucodonosor em 587, foi reconstruído depois da volta do exílio em proporções modestas por Zorobabel em 515 (Esd 6,14s), incentivado pelo profeta Ageu (Ag 1,8). Esse segundo templo não tinha a grandiosidade nem a riqueza da obra de Salomão, por isso o rei Herodes Magno, aquele da morte dos Santos Inocentes, para conquistar a simpatia dos judeus, reconstruiu-o e o ampliou com vasta planta e com o máximo esplendor. Contratou 10 mil operários, e, em oito anos, estava pronta a parte principal; mas os acabamentos continuavam ainda no tempo do ministério de Jesus, conforme lemos em Jo 2,20: "quarenta e seis anos durou a construção deste templo...". Dizem que o templo de Herodes foi o maior do mundo na época, com 280 m de comprimento. Jesus anunciou que "não deixarão em ti pedra sobre pedra" (Lc 19,44). Sua destruição total e definitiva se deveu aos soldados romanos de Tito no ano 70 d.C.

Várias tentativas de reconstrução do templo foram feitas, mas em vão. A última foi a do imperador Juliano Apóstata em 363, que removeu as construções pagãs que o imperador Adriano tinha mandado fazer. Reza a lenda que chamas saíam do chão, obrigando a interromper os trabalhos.

A ligação com Maomé deu origem a uma das mais belas mesquitas do mundo islâmico, a *Qubbet as-Sakhra*, "Cúpula da Rocha", chamada popularmente Mesquita de Omar, construída por artistas bizantinos cristãos em 692, com uma elegante forma octogonal. As paredes externas são revestidas de azulejos azuis, que formam um lindo contraste com a cor dourada da cúpula. A mesquita tem mosaicos belíssimos; são da escola persa, cada qual diferente do outro. Aquela rocha está no centro sob sua cúpula dourada. Os Cruzados a transformaram em igreja cristã em 1099 chamando-a *Templum Domini*, mas em 1187 Saladino reconquistou Jerusalém para o Islamismo.

Na mesma esplanada do templo, existe uma segunda mesquita, que os muçulmanos ergueram no século VIII e se chama *Al-Aqsa*, "a distante". Ela fica na extremidade sul da esplanada. Nunca foi usada como igreja.

27 - O Muro das Lamentações

Serviu de palácio real no tempo dos Cruzados. Tinha 14 naves, restam as sete do lado oeste. Está situada onde ficava o palácio de Salomão.

No começo, os hebreus vinham rezar e chorar na rocha sagrada, mas, quando se ergueu a Mesquita de Omar, passaram a chorar junto ao Muro Ocidental, única parte que restou do templo de Herodes. Choravam a ruína da cidade e a dispersão do povo. Daí o nome popular "Muro das Lamentações".

O Muro das Lamentações é, portanto, o resto mais grandioso dos muros do templo restaurado e engrandecido por Herodes. Tinha 36 m de altura no tempo de Jesus. Vai até 20 m abaixo do chão atual. O pináculo do templo estava a 128 m sobre o Cedron. Para os judeus, é o lugar mais sagrado do mundo. É a maior sinagoga: ali celebram ao ar livre sua liturgia. Uma parte do recinto é reservada aos homens e outra, às mulheres. Pudemos presenciar, na romaria de abril de 1985, o desenrolar da cerimônia de introdução dos adolescentes à vida religiosa hebraica. O rito se chama *bar mitzvá*, ou seja, "filho do preceito", e se realiza quando o menino faz 13 anos e a menina 12. Ele (ela) deve fazer em público a leitura da porção semanal da Lei.

Entre 1948 e 1967, o Muro das Lamentações era inacessível aos judeus, porque Jerusalém estava dividida ao meio e ele ficava em território árabe. Antes de 1967, havia lá o bairro dos *Mughrabin* e o Muro estava apertado entre muitas moradias. Elas foram demolidas para dar lugar à grande praça. Após a Guerra dos Seis Dias, a parte velha de Jerusalém foi unida à parte nova sob o domínio israelense.

Os judeus costumam escrever seus pedidos a Deus em pequenos pedaços de papel e colocá-los nas fendas das pedras do Muro. Continua realizando-se a profecia de Isaías: "Minha casa será chamada casa de oração para todos os povos" (56,7).

Para nós, cristãos, a área do Templo desperta inúmeras recordações: ali o Menino Jesus foi apresentado por Maria e José (Lc 2,22), onde Ele voltou aos 12 anos e foi encontrado pelos pais depois de estar perdido por três dias (Lc 2,46). Em sua vida pública, o Templo era o local onde Ele ensinava e onde São Pedro fez seu primeiro milagre curando o paralítico (At 3,7).

Reze com a Igreja:

Deus eterno e todo-poderoso, que fizestes vossas promessas a Abraão e seus descendentes, escutai as preces de vossa Igreja. Que o povo da primitiva aliança mereça alcançar a plenitude de vossa Redenção.

Vista panorâmica do Muro das Lamentações em Jerusalém

28
Ramos que entoam Hosanas
"O amor de Cristo nos uniu"

Com o aproximar-se da Semana Santa, Jerusalém, a Santa Sião, chamada na Bíblia "cidade onde todos nasceram" (Sl 87,5), tornava-se realmente universalista, como o era por vocação, com todas aquelas fisionomias novas de visitantes, com o murmúrio de conversas feitas em todas as línguas; a mesma atmosfera do primeiro Pentecostes, quando "se achavam em Jerusalém judeus devotos de todas as nações que há debaixo do céu", como diz o livro dos At 2,5.

Chega o Domingo de Ramos. Pela manhã, durante a cerimônia realizada na igreja do Santo Sepulcro, o Patriarca distribui aos fiéis o ramo bento, que eles levarão para casa, para orná-lo com todo carinho e, mais tarde, participar, com ele na mão, da comovente procissão de Ramos.

No fim da tarde, já é grande a movimentação de pessoas que saem da cidade em direção a Betfagé. Jerusalém se esvazia, porque há um encontro marcado na pequenina aldeia onde começou o cortejo de Jesus.

É na parte oriental do Monte das Oliveiras, a três quilômetros de Jerusalém, que fica situada Betfagé, no antigo caminho que leva a Betânia. Betfagé significa "casa dos figos". Não é mais que um aglomerado de casas rústicas. O único prédio notável, que serve de marco para assinalar o histórico local é uma capelinha, construída pelos Franciscanos em 1883, sobre os fundamentos de uma igreja do século IV. Foi aí que Jesus montou no jumentinho no Domingo de Ramos. O santuário conserva em seu interior a pedra de um metro de altura, sobre a qual Jesus subiu para montar no animal. A pedra é ornada de pinturas e inscrições latinas, que remontam ao tempo dos Cruzados. O edifício foi restaurado e renovado em 1954 por Antonio Barluzzi. A fachada foi modificada com o acréscimo de uma torre para dar a ideia de um castelo. A pintura no fundo do altar é de Cesare Vagarini e reproduz a cena do cortejo de Jesus no Domingo de Ramos.

Hoje, no entanto, o lugarejo anima-se, com as multidões que lá acorrem. Todas as paróquias, todos os colégios e as comunidades religiosas do país estão ali representados. O alto-falante vai anunciando seus nomes, no momento de se iniciar a procissão. A esses vão se ajuntando os peregrinos que se sentem felizes por verem tantos "irmãos na fé", homenageando o único Senhor dos povos.

Começa a andar a procissão. Um desfile simples, muito alegre e espontâneo. O mesmo percurso, de Betfagé à porta da cidade; o mesmo cenário palestinense de início de primavera; os mesmos cantos de "Hosana ao Filho de Davi", entoados em muitas línguas. Até as túnicas do tempo de Jesus ainda se podem ver aqui e ali, usadas pelos mais idosos.

Tudo é igual ao primeiro Domingo de Ramos, só que falta o personagem principal: falta o dono da festa. É então que sentimos o que há de verdade na exclamação daquele escritor: "Ver a Terra Santa hoje é como entrar na casa de um amigo e não achá-lo em casa". Mas tudo nos fala d'Ele; até parece que não faz muito tempo que Ele saiu.

A procissão chega a seu término, entrando pela porta de Santo Estêvão. Não foi por ela que Jesus entrou; deve ter sido pela Porta Dourada, a poucos metros dali, mas que está completamente murada com pedras e cimento. Depois da Bênção do Santíssimo, dada no pátio da igreja de Santana, a multidão se dispersa, levando cada qual seu ramo bento; ramo de oliveira, anseio de paz.

Leio na imprensa local: "Milhares de peregrinos católicos, mas também muitos jovens cristãos palestinos, participaram, em um clima de alegria, da tradicional procissão do Domingo de Ramos em Jerusalém, partindo do Monte das Oliveiras até a Cidade Velha. Trajes antigos e canções tradicionais se misturam como em uma babel de idiomas e instrumentos musicais no Domingo de Ramos em Betfagé. Do Santuário, no lado oriental do Monte das Oliveiras, começou a grande procissão. Um porta-voz da polícia israelense estimou o número de peregrinos em 35 mil, número superior ao registrado nos anos anteriores. A polícia contabilizou 15 mil fiéis em procissão. Essa é a principal manifestação pública anual dos cristãos palestinos em Jerusalém. "É lindo estar com todas essas pessoas que acreditam em Deus. O Senhor está realmente entre nós", disse uma jovem do meio da multidão. Em uma terra onde sucedem tantos distúrbios com motivação política, é consolador saber que tudo correu na mais completa ordem, sem nenhum incidente. Bem disse o governador de Jerusalém: "Com os que rezam, nós nos entenderemos sempre bem".

Um Domingo de Ramos em Jerusalém não se esquece mais. Todo cristão pode imaginar como deve ser maravilhoso viver a Semana Santa onde ela aconteceu, e gostaria de exprimir aquele mesmo desejo dos judeus dispersos, ao terminarem a celebração da Páscoa: "No próximo ano, em Jerusalém!"

Cante com a Igreja:

Tu és o Rei dos reis:
o Deus do Céu deu-te Reino, força e glória
e entregou em tuas mãos a nossa história:
Tu és Rei e o Amor é a tua lei.
(José Thomaz Filho)

29
O Cenáculo: Eucaristia e Pentecostes
Casa de família torna-se igreja

No Monte Sião, que a tradição situa na parte oeste de Jerusalém, a ordem é andar de cabeça coberta. É um bairro várias vezes mencionado na Bíblia e considerado santo pelos judeus. Acontece que, entre eles, é sinal de respeito cobrir a cabeça. Por isso o fazem sempre que leem a Bíblia ou entram na sinagoga. Notei que, até mesmo para andar nas ruas de Jerusalém, muitos homens, moços e meninos judeus usam uma espécie de solidéu episcopal, o *qipah*: porque a terra que pisam é sagrada.

Admira como os costumes podem diferir tanto de um lugar para outro, chegando a serem contraditórios. Entre nós, para mostrar respeito, não se descobre a cabeça? Pois os judeus fazem exatamente o contrário.

Ao nosso grupo, composto unicamente de cristãos em romaria ao lugar sacrossanto da primeira Missa, juntavam-se agora alguns membros da religião judaica, que tinham também uma peregrinação a fazer: iam visitar o túmulo do rei Davi, no mesmo edifício do Cenáculo, só que no andar térreo.

Essa notícia sobre o túmulo de Davi, naquele lugar, não se sabe bem como surgiu; é uma lenda sem valor histórico. Certo é que, antes do ano 1300, ninguém pensava em venerar o santo rei no monte Sião. Mas aquela localização foi sendo sempre mais aceita, para infelicidade dos cristãos, que começaram a perder seus direitos sobre o santuário da Eucaristia, até que em 1551 foram de lá expulsos os Padres Franciscanos, guardiães do Cenáculo; ele foi transformado em mesquita em honra de Davi. Mesquita, *masgid* em árabe, significa "lugar da prostração". Com isso os cristãos ficavam sem poder visitar aquele local.

Agora estão, de novo, franqueadas as portas do Cenáculo para os cristãos, com a condição, porém, de não fazerem orações em voz alta. É vedada toda e qualquer manifestação de culto cristão ou cerimônia religiosa, onde Jesus instituiu a Eucaristia, apareceu ressuscitado aos apóstolos e onde nasceu a Igreja no dia de Pentecostes. Porém, São João Paulo II teve o privilégio de celebrar a Santa Missa nessa sala, a 23 de março de 2000. E também ao papa Francisco foi dada a licença de celebrar a Santa Missa no Cenáculo em 26 de maio de 2014.

Chegamos ao topo da santa colina de Sião. Diante de nós, erguia-se uma casa alta, que, em sua parte externa, tem a aparência de uma mesquita muçulmana: lá estão o minarete e a cúpula arrematada pela meia-lua dos árabes. Com efeito, o recinto já serviu de mesquita. Sinal disso logo haveríamos de encontrar, quando entrássemos lá dentro: na parede do lado sul, está o costumeiro *mihrab*, "o trono do rei", ou nicho que indica aos seguidores de Maomé para qual direção devem voltar-se quando rezarem, para terem a certeza de estarem virados para Meca.

O Evangelho conta que Jesus, precisando de um lugar para comemorar a Páscoa com seus discípulos, or-

29 - O Cenáculo: Eucaristia e Pentecostes

denou-lhes que, ao entrarem na cidade, perguntassem ao homem que encontrariam carregando água, onde é que havia alguma sala disponível. "Ele vos mostrará uma grande sala mobiliada" (Lc 22,12); tal foi a predição do Mestre, que se cumpriu à risca. Provavelmente a casa pertencia a Maria, a mãe do evangelista Marcos, pois essa sua casa é mencionada em Atos 12,12 como sendo o local das reuniões dos cristãos.

Foi assim em uma casa de família que Jesus quis dar-nos seu Sacramento de amor. Na tarde do Domingo de Páscoa e no domingo seguinte, foi lá que Jesus ressuscitado encontrou os discípulos reunidos. Quando Ele subiu aos céus, é de novo nessa casa que os discípulos se reúnem para esperar a vinda do Espírito Santo, que teve lugar ali também.

Subimos as escadarias de pedra para entrar. Quando penetramos no recinto, só mesmo um olhar de fé pôde afastar de nós uma impressão desconcertante. A sala estava completamente vazia; nela reinava fria nudez e um cheiro de umidade. Nada existe que lembre os grandes acontecimentos que ali se deram: a Última Ceia, o milagre de Pentecostes. Mas o local, objeto de culto desde o tempo dos Apóstolos, foi preservado das várias destruições da cidade. Santo Epifânio no século IV disse que o Cenáculo não foi destruído. As partes inferiores são do tempo de Herodes.

As orações que se ouvem são os cânticos monótonos dos rabinos, que, no andar térreo, veneram o rei Davi em seu pretenso túmulo. Não há altar nem sacrário onde Jesus nos deu a Eucaristia. Onde os Apóstolos receberam o Espírito Santo não existe a menor presença cristã. Apenas uma exceção, que passa despercebida à maioria dos peregrinos: as colunas da sala terminam em capitéis ornados de símbolos cristãos, como o cordeiro e o pelicano, ave comparada a Jesus porque, conforme a lenda, alimenta seus filhotes com sangue de seu peito.

"Cenáculo", em latim, quer dizer "sala de jantar", que ficava em geral na parte superior da casa. Era um espaço amplo, com luz e ventilação abundantes: o melhor cômodo da casa. Até hoje no Oriente, encontram-se casas com uma escada externa, conduzindo a uma sala nobre, destinada a hóspedes, e onde se reúne a família em datas especiais. São essas as características do Cenáculo de Jesus, conforme o Evangelho, e esse é também o ambiente exato que ainda hoje se pode ver em Jerusalém, no Monte Sião: o Cenáculo nunca perdeu o caráter de casa particular de dois andares.

Mas quem nos dá a certeza de que foi aquela mesma sala o lugar da Última Ceia? Parece difícil crer que seja do século I uma sala com elementos do estilo gótico, com colunas e ogivas... Sabemos que foram os Cruzados do século XII que modificaram a arquitetura do recinto de cima, procurando embelezá-lo. O pavimento de pedra ficou o mesmo, como também as paredes. O teto foi, porém, modificado totalmente.

Foi no monte Sião, ao lado do Cenáculo, que os Franciscanos construíram em 1335 seu primeiro convento na Terra Santa; por isso até hoje o Superior daquela comunidade se chama Guardião do Santo Monte Sião. Bem perto do Cenáculo há uma igreja cristã, e foi ali que a nossa romaria esteve reunida na Quinta-feira Santa do ano 1985, um inesquecível dia 4 de abril, para a celebração da Eucaristia. Tive a honra de ser escolhido para presidir a Concelebração, que reuniu 40 sacerdotes e mais uns 50 fiéis. E para completar nosso roteiro religioso, à noite, fizemos uma Hora santa no Getsêmani, local da agonia de Jesus no Horto das Oliveiras.

Foram estas as palavras que o papa Francisco pronunciou em sua visita ao Cenáculo em 2014: "Do Cenáculo parte a Igreja em saída, animada pelo sopro do Espírito Santo". Aos chefes políticos e religiosos ele disse:

"Respeitemo-nos e amemo-nos uns aos outros como irmãos e irmãs! Aprendamos a compreender a dor do outro! Trabalhemos junto em prol da justiça e da paz!"

O tema de sua viagem à Terra Santa foi "Que todos sejam um", palavras de Jesus naquele mesmo local (Jo 17,21).

Cante com a Igreja:

Eu quis comer esta ceia agora,
pois vou morrer, já chegou minha hora.
Tomai! Comei!
É meu Corpo e meu Sangue que dou,
vivei no amor.
Eu vou preparar a Ceia na Casa do Pai.
(Dom Carlos Alberto Navarro)

Antiga igreja do Cenáculo no monte Sião, hoje uma mesquita. Ao lado, com a cúpula redonda, está a Igreja da Dormição

30
O jardim da agonia
"Quanto te custou haver-me amado!"

Jerusalém, Quinta-feira Santa de 1967. Dezoito jovens sacerdotes estão reunidos ao redor do altar para a celebração vespertina da solene data litúrgica. Não se encontram em uma catedral esplendidamente iluminada, cheia de flores, inundada pela suave melodia do órgão, repleta de fiéis... Nada disso.

Estão em uma gruta. Em uma gruta fria e escura, tão apertada que mal comporta o pequeno grupo. As paredes do recinto são formadas pela rocha nua, deixadas como a natureza as fez. Só o pavimento recebeu o trabalho humano, de nivelação das camadas de cimento.

A atmosfera é do mais profundo recolhimento e toda a assembleia ora com devoção contagiante, como que enlevada pela sacralidade do ambiente. À hora do evangelho, o celebrante principal explica: "Estamos na mesma gruta em que Jesus costumava retirar-se com seus apóstolos e aonde Ele os trouxe na véspera de sua morte, data que hoje celebramos". É o *Getsêmani*, citado em Mt 26,36, nome que significa "prensa de azeite", azeite extraído das oliveiras do jardim ao lado.

Só depois de terminado o rito, pudemos notar que essa informação estava também gravada no teto da gruta, em caracteres latinos tão antigos, que deviam ser da Idade Média. A gruta permaneceu como era, os Cruzados apenas acrescentaram pinturas no teto. Portanto, já muitos séculos antes de nós, os cristãos desfilavam reverentes e piedosos ante aquelas pedras que serviram de abrigo a Cristo e a seus amigos.

A gruta hoje é conhecida pelo nome de gruta dos Apóstolos, porque, conforme a tradição, lá ficaram os Apóstolos na noite de Quinta-feira Santa, enquanto Jesus levou consigo mais adiante Pedro, Tiago e João, os mesmos que assistiram a sua Transfiguração no monte, para rezarem com Ele em sua agonia.

O local dessa sublime oração de Jesus ao Pai fica a pouca distância dali e é também objeto de antiquíssima veneração. A memória da agonia de Jesus, que mereceu a vida eterna para toda a humanidade, revive em uma grandiosa basílica, erguida em 1924, em substituição às sucessivas igrejas levantadas nos séculos passados. Desde o século IV houve ali uma basílica, que os persas destruíram, e os Cruzados reedificaram em proporções modestas. É a Igreja da Agonia, ou Igreja das Nações, como também é chamada, porque vários países contribuíram para sua edificação e, como homenagem de reconhecimento, tiveram a honra de ter seus emblemas gravados no teto da igreja, que é formado de numerosas abóbadas.

A igreja fica à beira da estrada de Jericó, ao pé do Monte das Oliveiras. Infelizmente, a topografia não permite que se abra a sua frente uma grandiosa praça, como bem merecia sua imponente fachada neoclássica, formada por três arcos, separados por colunas maciças, com um enorme mosaico de fundo dourado brilhando ao sol da tarde. Esse mosaico da fachada representa Cristo e o Pai no centro e aos lados grupos de santos, com uma frase latina, extraída da Carta aos Hebreus 5,7, referente à oração de Jesus no Horto: "Dirigiu orações e súplicas, com veemente clamor e lágrimas... e foi atendido por causa de sua submissão". O itinerário da peregrina Etéria diz que, na noite de Quinta-feira Santa, o clero descia "àquele mesmo lugar onde o Senhor rezou. Existe aí uma igreja elegante na qual entram o bispo e o povo. Rezam uma oração, cantam um hino e se faz leitura do Evangelho, onde é narrada a prisão de Jesus".

Entrando no recinto, sente-se logo o maravilhoso efeito produzido pelos grandes vitrais de cor roxa, que filtram a claridade, colocando o templo em eterna penumbra, mesmo à hora do mais intenso sol da Palestina. Aquela obscuridade parece despertar vozes do passado para conversarem conosco. Toda a construção nos fala de tristeza e sofrimento.

Antes de atingirmos o altar-mor, deparamos, no centro, com uma rocha branca, quase plana, que emerge do pavimento de mosaico. Está rodeada por uma coroa de espinhos, feita de ferro batido. Foi aqui a agonia de Jesus, sua suprema batalha para confirmar a obediência ao Pai. A rocha foi achada intata, quando nas escavações encontraram a igreja bizantina do século IV.

Ali, prostrou-se Ele com o rosto em terra, molhando essa pedra com o suor de sangue que lhe corria pela face, enquanto rezava: "Meu Pai, se for possível, afastai de mim este cálice!" (Mt 26,39). Tanto custou ao Salvador aquela luta, travada em seu íntimo, entre as potências que Ele chamou de "espírito" e "carne": "O espírito está pronto, mas a carne é fraca". O espírito triunfou e Jesus aceitou aquela morte acerba, pela qual fomos salvos. "Quanto te custou haver-me amado!", exclamava Santo Afonso.

Atrás do altar, a construção da igreja deixou intatas algumas rochas vivas, testemunhas, também elas, da agonia. Os mosaicos das paredes representam cenas da noite de Quinta-feira Santa: no centro, a oração de Jesus agonizante: à esquerda, o beijo traidor de Judas; à direita, o espanto dos soldados que caem por terra quando Jesus lhes declara quem é Ele (Jo 18,6). O arqueólogo Franciscano Virgílio Corbo diz que a prensa para fazer óleo ficava onde hoje está o altar e havia também uma cisterna. O lugar pertencia a amigos de Jesus ou simpatizantes, talvez à família de Marcos, o único a contar o episódio do jovem que fugiu nu na hora da prisão de Jesus (Mc 14,52), o qual seria ele próprio, segundo os comentadores. Narrando a traição de Judas, o evangelista João informa que "frequentemente Jesus se reunia lá com seus discípulos" (Jo 18,2). A propriedade do *Getsêmani* deve ter passado à comunidade cristã, pois lá foram encontrados túmulos cristãos.

Saindo da igreja pela porta lateral, entramos no Jardim das Oliveiras, cuidadosamente tratado e cheio de flores, cuja principal atração são as enormes oliveiras – oito ao todo – testemunhas mudas da agonia de Jesus, com troncos que atingem de 6 a 11 metros de circunferência. Se Plínio tiver razão quando diz que "a oliveira não morre, mas renasce constantemente de seus próprios brotos", então essas árvores não são diferentes das que existiam ali no tempo de Nosso Senhor.

Cante com a Igreja:

"Se as águas do mar da vida
quiserem te afogar,
segura na mão de Deus e vai.
Se as tristezas desta vida
quiserem te sufocar,
Segura na mão de Deus e vai.
Segura na mão de Deus,

pois ela, ela te sustentará.
Não temas, segue adiante,
e não olhes para trás:
segura na mão de Deus e vai.
(Nelson Monteiro da Mota)

Fachada externa da entrada da Basílica da Agonia no Getsêmani

31
São Pedro *in Gallicantu*
Perdão ao pecador arrependido

Perto do Cenáculo ficava o palácio de Caifás, onde aconteceu o que Jesus tinha predito a Simão Pedro: "Antes que o galo cante, tu me negarás três vezes". Na hora desse anúncio, Pedro tinha protestado, dizendo que isso não aconteceria jamais, pois seria capaz de morrer pelo Mestre. Mas Pedro não escapou, negou Jesus realmente. Ao cantar o galo, Jesus olhou para ele. Só Lucas conservou esse detalhe (Lc 22,61). Um olhar de misericórdia e de perdão. "Naquele momento, Pedro estava dizendo que não conhecia o mestre de Nazaré. Mas o mestre de Nazaré, com seu olhar arrebatador, estava expressando que conhecia Pedro e o amava. Pedro podia desistir de Cristo, mas Cristo não desistia de Pedro" (Augusto Cury). "Por isso, Pedro, saindo fora, chorou, chorou transtornado de pena, chorou desfeito perante a misericórdia de Cristo... Dizem que, durante anos, ainda se lhe notava na face a vermelhidão causada por tantas lágrimas" (F. Faus). Essa história foi comentada em um dos mais célebres sermões do Pe. Antônio Vieira, o Sermão das Lágrimas de São Pedro, pronunciado na catedral de Lisboa em 1669: "Cantou o galo, olhou Cristo, chorou Pedro. Fez Cristo sete pregações a Judas, e não se converte Judas, cantou o galo uma vez e converte-se Pedro: tudo dependeu do olhar de Cristo".

São Pedro *in Gallicantu* (ao canto do galo) é uma igreja situada na encosta da Sião cristã, fora dos muros da Jerusalém antiga, que recorda o arrependimento de Pedro depois de ter negado o Mestre. Debaixo da igreja, está a gruta onde Pedro se retirou para chorar seu pecado. Essa igreja, confiada aos Padres Assuncionistas, é de 1931 e foi restaurada em 1997. A gruta é venerada desde a antiguidade, e os peregrinos antigos mencionavam também a existência de uma igreja no local. As escavações descobriram uma rua em degraus que descia do Cenáculo para o vale do Cedron, exatamente o caminho que Jesus percorreu com os discípulos na noite da Quinta-feira Santa. Esse vale fica entre a colina do Templo e o monte das Oliveiras.

A parte norte do Cedron recebe o nome de Vale de Josafá, nome simbólico, tirado da profecia de Joel (4,2) que significa "Deus julga" e foi dado a esse vale porque aqui se localizava o juízo final. Por isso está repleto de túmulos, dos judeus de um lado e dos muçulmanos do outro.

Cante com a Igreja:

A tua ternura, Senhor, vem me abraçar
e a tua bondade infinita me perdoar.
Vou ser o teu seguidor e te dar o meu coração.
Eu quero sentir o calor de tuas mãos.
(Frei Fabretti)

32
O Caminho da Cruz
"Tome sua cruz e siga-me"

Entre as muitas placas de ruas de Jerusalém, escritas em árabe ou em hebraico, uma pelo menos qualquer brasileiro consegue ler: *Via Dolorosa* (sic!). Por ali passou Jesus carregando a cruz desde o Pretório de Pilatos até o Calvário. Na época das Cruzadas, os peregrinos, que retornavam da Terra Santa depois de terem visitado os lugares sagrados da Paixão de Cristo, quiseram reproduzir em seus países de origem a caminhada feita ao longo da Via Dolorosa em Jerusalém. Nasceu assim a Via-Sacra, "caminho sagrado", ou *Via Crucis*, "caminho da cruz". É uma devoção que consiste em meditar os sofrimentos de Jesus, pedindo libertação para os sofredores de hoje e o arrependimento dos pecados que fizeram Jesus sofrer. O número de estações ou etapas dessa caminhada foi sendo definido paulatinamente, chegando à forma atual, de catorze estações, no século XVI. Para isso, as igrejas costumam ter nas paredes internas os catorze quadros referentes às catorze estações. Essas estampas nos falam do amor infinito com que o Salvador aceitou sofrer e morrer pela redenção do mundo.

O papa São João Paulo II sugeriu que fosse acrescentada uma décima-quinta estação para recordar a ressurreição de Jesus, embora essa seja opcional e não entre na estrutura tradicional da Via-Sacra.

Algumas dessas estações referem-se a fatos narrados nos Evangelhos, como a condenação de Jesus por Pilatos, o auxílio prestado a Jesus pelo Cireneu e o encontro de Jesus com as mulheres que choravam. Outras têm origem na piedade popular ou em tradições antigas. Por exemplo, as três quedas de Jesus na Via-Sacra não constam nos evangelhos.

Em Jerusalém, em toda 6ª feira, às 15h, os Franciscanos promovem com os peregrinos a caminhada da Via-Sacra. Uma cruz de madeira é levada aos ombros por esse ou aquele romeiro.

O ponto de partida é em uma escola muçulmana, onde estava a Torre Antônia, local do Pretório de Pilatos. Era uma fortaleza situada a noroeste do Templo, de onde dominava a grande esplanada. Já existia no tempo de Jeremias com o nome de Torre de Hananeel (Jr 31,38). Foi restaurada e embelezada por Herodes Magno, que a chamou Antônia em honra do romano Marco Antônio, seu amigo.

Logo adiante, fica o Convento dos Franciscanos, sede do *Studium Biblicum Franciscanum*, fundado em 1927 para a formação dos professores de ciências bíblicas. No pátio do convento está a Capela da Flagelação, que foi remodelada pelo arquiteto Barluzzi e ostenta lindos vitrais representando Pilatos e Jesus flagelado. Há aqui um altar dedicado a São Paulo, porque ele foi preso nesse local no ano 58, ao voltar de sua terceira viagem missionária, acusado de ter violado a santidade do templo porque estaria acompanhado de um pagão (At 21,28).

A poucos metros está outra capela, a da Condenação, que conserva comoventes imagens portuguesas representando Jesus carregando a cruz e São João que ergue o manto cobrindo o rosto de Maria para que ela não veja a triste cena. No piso da capela, onde foi o lugar da condenação de Jesus por Pilatos, aparecem as primeiras pedras do grande pavimento chamado *litóstrotos* ou *gábata*, mencionado no evangelho de João 19,13.

No meio do caminho, certamente, Nossa Senhora com seus acompanhantes encontrou-se com Jesus e seguiu atrás dele até o Calvário. Esse comovente encontro, lembrado na 4ª estação, não aparece nos evangelhos.

Ao falar de Simão Cireneu (5ª estação) o evangelista Marcos (15,21) dá os nomes dos filhos dele – Alexandre e Rufo – que, provavelmente, eram cristãos da comunidade de Roma, pois Marcos é quem recolheu a catequese de Pedro e o acompanhou a Roma.

A 6ª estação introduz a personagem Verônica, que, conforme a tradição, é Berenice, a hemorroíssa curada por Jesus de hemorragia (Mt 9,20-22). O nome dela foi identificado como sendo Verônica nos "Atos de Pilatos", um apócrifo do século IV. Diz a tradição que com seu véu ela enxugou o rosto de Jesus, que ficou gravado no tecido. E com esse mesmo véu ela, posteriormente, curou o imperador Tibério. Note-se que as palavras Verônica e Berenice têm as mesmas consoantes (*v* e *b* se permutam) e que, na etimologia popular, Verônica significa "verdadeira imagem" (vero + ícone).

Na 7ª estação começa uma subida forte e aí é preciso atravessar o *souk*, o mercado árabe com suas ruas estreitas e suas mercadorias ocupando parte delas. Geralmente, os negociantes respeitam as manifestações de fé dos peregrinos, mas sem interromper suas atividades.

Vem a seguir aquele momento em que Jesus falou pela única vez enquanto carregava a cruz. Ele disse às mulheres que choravam de compaixão: "Filhas de Jerusalém, não choreis por mim; chorai por vós mesmas e por vossos filhos" (Lc 23,28). É a 8ª estação. Aqui tomamos consciência do peso de nossos pecados sobre os ombros do Cordeiro sem mancha, que com suas dores carrega e tira o pecado do mundo.

As 5 últimas estações são dentro da igreja do Santo Sepulcro. Essa caminhada é uma das lembranças mais fortes que a gente conserva no coração. Ainda mais se puder carregar a cruz como Jesus! Na romaria com os italianos em 2008, tive essa honra e também fui chamado para ler as orações de seis estações. São tantas e tão pesadas as cruzes que a humanidade carrega, "gemendo e chorando neste vale de lágrimas..."

Reze com a Bíblia:

Eu disse: "Confessarei ao Senhor minhas culpas".
E vós perdoastes a malícia de meus pecados.
Por isso a vós suplica todo fiel no tempo oportuno.
Vós sois meu refúgio, da angústia me guardais.
(Salmo 32,5-7).

Igreja da flagelação na Via Dolorosa em Jerusalém

33
O Calvário
"Amou-nos até o fim"

Éramos quatro brasileiros que, em outubro de 1966, estávamos chegando à Cidade Santa em um fusca verde, de fabricação alemã, procedentes da Grécia, passando pela Turquia, Síria, Líbano e Jordânia. Era meio-dia e chuviscava quando entramos em Jerusalém. Em meu diário, aquele 12 de outubro ia ficar gravado como uma recordação imorredoura. Nosso coração se enchia da mais forte emoção, só de pensar que seria aquele o dia em que pisaríamos pela primeira vez o solo da Cidade Santa. Nossos sentimentos não eram diversos dos do poeta que compôs o Salmo 122. Vendo aproximar-se a meta de suas peregrinações, ele exclamou:

> Eu me alegrei com os que me disseram: "Vamos à casa de Javé!"
> E agora estão nossos pés dentro de tuas portas, Jerusalém! (v. 1s)

Aquilo tudo nos parecia mais um sonho do que realidade. Mas não! Jerusalém estava realmente ali, majestosa, cheia de mistérios, com cinco mil anos de história para nos contar. Mas, para nos empolgar, bastava que ela fosse a cidade onde Jesus viveu e morreu, e onde a Igreja teve seu berço. Pensamos nas palavras do Mestre: "Felizes os olhos que veem o que vós vedes! Pois eu vos digo que muitos profetas e reis quiseram ver o que vós vedes e não o viram..." (Lc 10,23s).

Começamos a procurar uma pensão de peregrinos, dirigida por sacerdotes e leigos franceses, chamada *Maison d'Abraham*, "Casa de Abraão". O nome evocava a figura do patriarca que acolheu, junto ao Carvalho de Mambré, a visita de Deus na figura de três anjos (Gn 18,2). Personagem ecumênico, é reconhecido como pai pelas três religiões monoteístas: Judaísmo, Cristianismo, Islamismo. Não foi difícil achar o bonito prédio, no centro de um bosque de coníferas, coroando uma colina, que o tornava um excelente belvedere para contemplar a cidade. O superior da casa nos recebeu como só Abraão mesmo poderia fazer melhor. Prontificou-se a nos ajudar no planejamento das visitas pela cidade, para que aproveitássemos o máximo.

– "Queríamos começar visitando o Monte Calvário" – dissemos.

– "Monte Calvário? Como vocês imaginam que ele é?", perguntou com ar de curiosidade, que só entendemos depois, quando reparamos que tínhamos iniciado a conversa cometendo um erro de topografia.

Se já tivéssemos visto alguma foto, nossa imaginação não precisaria inspirar-se em santinhos ou em pinturas de pouco valor científico.

Respondemos que para nós o Calvário deveria ser um monte inabitado, fora da cidade, dominado por um cruzeiro de cimento armado, ao qual se poderia subir por uma estrada em zigue-zague...

O padre sorriu.

– "Sua suposição não corresponde à realidade nem no menor detalhe".

33 - O Calvário

E passou a explicar: "Primeiramente, o Calvário não é de modo algum um monte. Jerusalém é montanhosa, como vocês estão vendo, tem vários morros, mas o Calvário não é do número deles. Aliás, quem será que começou a chamar o Calvário de 'monte?' Não foram os evangelistas, os quais só lhe dão o nome de 'lugar'. Vejam". E abriu, um por um, os quatro evangelhos e foi lendo: "Quando chegaram ao lugar chamado Gólgota..." (Mt 27,33); "Levaram Jesus para o lugar chamado Gólgota..." (Mc 15,22).

– "Certo é que o nome 'pegou' tanto que ficam pasmados todos aqueles a quem explico que o Calvário não é um monte. Admiram quando digo que, do Pretório de Pilatos ao topo do Calvário, a diferença de nível é de pouco mais de 15 metros" . "E quanto ao nome dado a esse 'lugar', vocês já sabem que Gólgota, Calvário e Crânio é a mesma coisa, falada em três línguas diferentes: hebraico, latim e português."

"Para explicar por que se chama 'Calvário', há três suposições: uns pensam que é por causa dos crânios dos criminosos ali executados. Outros dizem que o Calvário seria uma rocha com formato semelhante ao de uma cabeça e assim teria recebido o nome da coisa que parece imitar. Finalmente, há quem diga que esse nome deriva de uma tradição, conforme a qual a cabeça de Adão, o primeiro homem, foi ali enterrada. Isso não se baseia em provas suficientes, mas foi dessa crença que nasceu o costume de colocar nos crucifixos e nos cruzeiros um crânio com dois ossos, significando que o Segundo Adão lavou com seu sangue as culpas do Primeiro Adão e as de seus descendentes."

"Os primeiros cristãos encontraram um paralelismo entre a história de Adão e Eva e a de Jesus e a Igreja. Há um mosaico em Dafne, a 11 km de Atenas, que representa Jesus na Cruz, com Maria e João. O sangue de Jesus goteja sobre o crânio de Adão colocado aos pés da cruz. Como Eva nascera do lado de Adão adormecido, assim a Igreja nascia do lado de Jesus, do qual saiu sangue e água (Jo 19,34), representando os sacramentos da Igreja, Eucaristia e Batismo."

"Vocês vão ver também que o Calvário não está fora da cidade. Antigamente, no tempo de Jesus, estava, e temos vários testemunhos disso no próprio Novo Testamento. Não havia sepulcros dentro do perímetro urbano. Hoje, porém, o Calvário fica bem próximo ao bairro mais movimentado de Jerusalém: o *'souk'* ou mercado. Ali, rodeado de ruas repletas de gente que compra e vende, parece uma ilha de paz e recolhimento. É que as muralhas da cidade sofreram alterações em seu traçado com o andar dos anos: aquela parte, que era deixada de fora no tempo de Jesus, foi, pouco depois de sua morte, no tempo de Agripa I (41-44 d.C.), incluída na linha de fortificações."

"Finalmente, no alto do Calvário não há nenhum cruzeiro. O Calvário está encerrado dentro de uma igreja. Do lado de fora, o que se vê é uma igreja semelhante a qualquer outra; uma igreja de grandes proporções para reunir, em um só conjunto e sob o mesmo teto, tanto o lugar da morte, como o da sepultura de Jesus, que não ficava longe, conforme os evangelhos (Jo 19,42). Essa é a razão pela qual essa notável igreja se chama 'Igreja do Santo Sepulcro'. Entretanto, os árabes cristãos preferem chamá-la *Qiyameh*, 'Ressurreição', a exemplo dos gregos, que adotam o nome *Anástasis*, que tem o mesmo sentido. Com razão, pois o sepulcro de Jesus só tem esse grande significado por ter sido o lugar de sua ressurreição. É como diz São Paulo: 'Se Cristo não ressuscitasse, seria vã nossa fé'" (1Cor 15,14).

Cante com a Igreja:

Quem nos separará, quem vai nos separar
do amor de Cristo, quem nos separará?

33 - O Calvário

Se Ele é por nós, quem será, quem será contra nós?
Quem vai nos separar do amor de Cristo, quem será?
(Pe. Valmir Neves Silva)

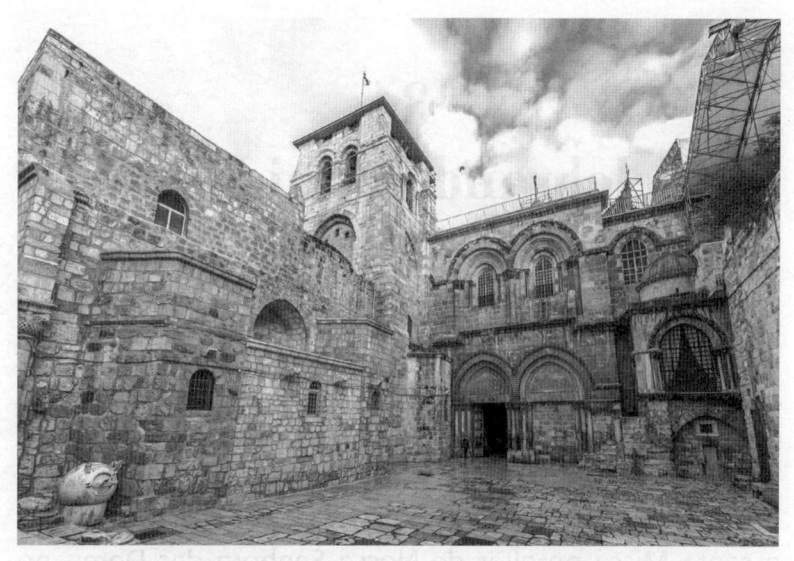

Fachada da igreja do Santo Sepulcro, em Jerusalém, no local onde, segundo a tradição, Jesus foi crucificado

34
Celebrando a missa no Calvário
"Sobre o altar da terra inteira"

Foi bem fácil realizar esse sonho tão ardentemente desejado. Bastou apresentar-me no Secretariado dos Peregrinos para receber um cartãozinho vermelho com meu nome, data e horário e os dizeres "Celebrará a santa Missa no altar de Nossa Senhora das Dores, no Santo Sepulcro".

Tive a felicidade de conseguir uma vaga logo para o dia seguinte, não sendo preciso entrar na fila, como acontece quase sempre, e esperar vários dias até que tenham sido atendidos os sacerdotes que fizeram antes seu pedido. Devo esclarecer que, naquela época, não havia concelebração, e cada padre celebrava individualmente "sua" missa.

Na manhã seguinte, bem cedo para chegar a tempo e não perder a vez, compareci na sacristia da Basílica, a fim de paramentar-me. Minutos depois, eu estaria celebrando a Missa no cenário mais autêntico do mundo, estaria renovando misticamente o sacrifício da cruz, no lugar onde, uma única vez, ele aconteceu de modo cruento.

Esse altar de Nossa Senhora das Dores era o mais procurado em toda a Basílica, por estar situado exatamente no local do Calvário, onde foi erguida a cruz de Jesus. Para chegar lá, sobe-se uma escada de uns 25 degraus, pois o local fica exatamente sobre a parte que sobrou da rocha do Calvário.

Simplesmente indescritível a forte emoção que se apodera de todo sacerdote naquelas circunstâncias. Muito mais do que na primeira Missa, que sempre é celebrada com sentimentos tão vivos, é ali que realmente impressiona a Liturgia Eucarística. Todas as palavras do texto soam de modo novo e adquirem um sentido que comove até o íntimo da alma.

Rezei por todos. Naquele lugar, onde Jesus tinha contemplado o mundo inteiro, onde tinha pensado em toda a humanidade, era preciso alargar meus horizontes para a prece universal.

Depois de mim, foi a vez de outros sacerdotes. Lançando um olhar em redor, reparei que nem todos os altares eram simples como aquele onde eu havia celebrado. Havia um, logo ao lado, cheio de lâmpadas a óleo e ícones prateados. Devia pertencer a alguma Igreja de rito oriental. Embaixo, no centro da Basílica, atraía a atenção dos peregrinos uma cerimônia solene, que eu nunca vira igual: vestidos de túnicas brilhantes, os clérigos cantavam em uma língua estranha, a assembleia aclamava, havia procissões, incensações, tudo em uma perfeita ordem e harmonia de gestos, que aumentavam a majestade dos ofícios.

Fiquei sabendo depois que, além da Igreja Católica ocidental (de rito romano ou latino), também celebram sua liturgia no Calvário diversas Igrejas orientais: os coptas, ortodoxos, armênios, sírios...

E, para que tudo se faça com o devido decoro, cada comunidade tem seus altares próprios, sendo rigorosamente observada a delimitação das áreas que pertencem a cada uma. Os horários dos cultos também estão imutavelmente fixados por convênio feito há séculos. Por isso, até hoje as celebrações da Semana Santa ainda seguem os horários observados antes de 1956: tudo é feito na parte da manhã. E para o papa São Paulo VI celebrar lá uma Missa vespertina, em janeiro de 1964, foi preciso pedir às comunidades que abrissem uma exceção.

O que mais estranha nesse tradicionalismo é um contrato, existente desde 1246, que concede a duas famílias muçulmanas o direito de guardar as chaves da igreja do Santo Sepulcro, além de abrir e fechar a porta todos os dias. Os padres e religiosos que residem nos conventos anexos à Basílica não têm outra porta de saída e ficam, portanto, prisioneiros durante a noite.

Pela parte católica, são os padres Franciscanos, esses beneméritos zeladores dos Lugares Santos, que exercem as funções litúrgicas no Calvário. Diariamente, há uma Missa solene, às 7 horas, defronte ao túmulo de Cristo e uma procissão às 16 horas, passando por todos os lugares da Basílica que conservam alguma recordação da Paixão de Cristo.

A procissão é muito bonita, pelos cânticos, pelas orações, incensações e cerimônias que remontam a tempos imemoriais. O culto abrange o dia e a noite, os padres se levantam às 23h30 para recitarem ou cantarem as matinas; às 6h, já estão novamente no coro, louvando a Deus.

Os Orientais têm também sua liturgia noturna, que começa às 23h30 e acaba com a Missa celebrada de madrugada. Têm um modo particular de fazer o sinal da cruz: não o fazem com a mão aberta como nós, mas unindo os três primeiros dedos da mão direita para lembrar a Santíssima Trindade. E depois de terem tocado a fronte e o peito, levam a mão ao ombro direito antes do esquerdo.

Na Basílica há momentos em que por toda parte se veem ocupados os altares e as naves com cerimônias de ritos diversos. Cada grupo é facilmente identificável por suas características próprias de indumentária, de língua, de gestos. No ar, misturam-se as vozes, os ritmos, os cânticos. Aquela babel de sons é impossível de entender. Cada cristão só consegue acompanhar as orações de sua igreja. No entanto, há uma união misteriosa de diversas raças e culturas: são irmãos que fazem de modo diferente o mesmo ato de culto e louvam a seu Pai e Redentor, exatamente como pedira o Salmista:

> Nações todas, louvai a Javé,
> povos todos, dai-lhe glória! (Sl 117,1).

Reze com o teólogo:

Senhor, aqui nestas estepes da Ásia, não tenho pão, nem vinho, nem altar; então me elevarei acima dos símbolos até a pura majestade do Real, e vos oferecerei, eu, vosso Sacerdote, sobre o altar da Terra inteira, o trabalho e o sofrimento do Mundo. (Teilhard de Chardin, *Missa sobre o Mundo*, 1923)

Altar no interior da Igreja do Santo Sepulcro em Jerusalém

35
O Santo Sepulcro
Morte e Ressurreição

O lugar onde Jesus foi morto e sepultado foi sempre venerado por seus seguidores desde o princípio. Mas houve um imperador romano, Adriano, que no ano 136 quis acabar com as lembranças do Messias cristão na capital e, além de alterar todo o traçado da cidade e mudar-lhe o nome para *Aelia Capitolina*, fez no Calvário edificações e jardins.

No ano 326, Santa Helena, mãe do imperador Constantino, mandou demolir as construções de Adriano e construir a primeira grande basílica do Santo Sepulcro. Essa foi destruída pelos persas de Cósroes II em 614 e parcialmente reedificada pelo monge Modesto. Em 1009 o califa Hakim destruiu todas as igrejas de Jerusalém, inclusive a do Santo Sepulcro, sendo que somente os pilares da igreja, que eram da época de Constantino, sobreviveram à destruição. A notícia dessa destruição foi um dos fatores que deram origem às Cruzadas. Em 1048, o imperador Constantino Monômaco e, depois, os Cruzados a reedificaram, dando-lhe mais ou menos a forma atual.

A pequena porta que dá entrada ao monumento fica no canto de uma modesta praça. Quem entra vê, a sua

35 - O Santo Sepulcro

frente, a pedra da unção, na qual foi deitado o corpo de Jesus em preparação para a sepultura. Durante nossa visita, em 1985, havia mulheres ungindo a pedra como se fosse o próprio corpo dele. Um pouco adiante, uma pedra circular recorda o lugar donde as Três Marias acompanharam os acontecimentos da Paixão.

Continuando à esquerda, debaixo de uma grande cúpula sustentada por 20 colunas, fica o local da sepultura de Cristo, no interior de uma pequena capela retangular ornada de relevos em mármore branco. O primeiro ambiente é um vestíbulo chamado Capela do Anjo. Ali nosso grupo de sacerdotes celebrou a Missa, cantada em canto gregoriano. Uma porta baixa (1,33m) conduz à câmara mortuária, que mede 2,07 por 1,93. Naquele ano de 1985, a grande "rotonda", chamada *Anástasis*, "ressurreição", ainda continuava escorada, tal como eu a conheci em 1966. Uma firma inglesa estava fazendo a restauração.

É que o local tinha sofrido vários acidentes: um incêndio em 1808 e um abalo sísmico em 1927, que comprometeu seriamente o monumento. E, para solucionar qualquer problema, é preciso que entrem em acordo todas as comunidades religiosas responsáveis pela basílica: os latinos, os ortodoxos, os armênios, os coptas. Em 2016 foi feita na Igreja do Santo Sepulcro mais uma profunda reforma e, na ocasião, fizeram-se estudos arqueológicos, inclusive abrindo por algumas horas o túmulo onde Jesus foi sepultado.

Bem no centro do grande edifício está o Coro dos Gregos, o espaço reservado à celebração da liturgia dos Ortodoxos. O Coro dos Latinos é bem menor, quase comparável a uma simples capela.

Para encontrar o local da crucifixão, é preciso subir os degraus de uma escada, pois ele está a 5 metros acima do nível da Basílica. Ali estão dois altares: o da direita é o lugar da crucifixão e tem na parede um belo mosaico de Maria SSma., contemplando a crucifixão do Filho; o da esquerda mostra, entre muitas lâmpadas votivas, a cena do Calvário: Jesus na cruz com seus amigos ao redor. Debaixo desse altar, é visível e pode-se tocar a rocha original do Calvário, onde foi fincada a cruz de Jesus. Ao lado do altar, a rocha mostra, bem visível, a fenda produzida pelo terremoto na hora em que Ele morreu (Mt 27,51).

"Calvário" é a tradução latina do aramaico *Gólgota*, "lugar do crânio", assim chamado por causa de sua forma curva; devia ter entre 5 a 10 metros no tempo de Jesus. Na época, estava fora dos muros, fora do "segundo muro", do rei Ezequias.

Completando essa parte essencial das recordações pascais, o grande monumento dedica várias capelas a outros personagens e/ou acontecimentos ligados ao mistério pascal.

Assim, debaixo do Calvário está a capela de Adão, porque, segundo uma lenda dos primeiros séculos da era cristã, aí ele foi sepultado, e, sobre sua cabeça na Sexta-feira Santa, caiu o sangue redentor de Jesus para lavar seu pecado e o do mundo inteiro. Essa é a origem do crânio que, muitas vezes, aparece aos pés do Crucificado: simboliza Adão, representante da humanidade.

A capela da aparição recorda que Jesus Ressuscitado apareceu a sua Mãe, fato que não está no evangelho. É o lugar onde os Franciscanos fazem suas orações e celebram a liturgia. Também é recordada a aparição de Jesus Ressuscitado a Maria Madalena. Uma escultura em bronze sobre o altar lembra o acontecimento.

Da capela dos coptas é possível passar ao chamado "sepulcro de José de Arimateia", que é, na verdade, um conjunto de túmulos judaicos.

A capela de São Longino pertence aos gregos ortodoxos. O nome Longino vem de *lonque*, que significa "lança". Segundo a tradição, seu nome completo era Caio Cássio Longino e ele sofria das vistas. Quando traspassou o lado de Jesus com a lança, o sangue e água que jorraram obtiveram-lhe a cura. Recebeu também a luz da fé, pois disse naquela hora: "Na verdade, este homem era filho de Deus!" (Mc 15,39).

Outra capela relembra a repartição das vestes de Jesus, uma para cada soldado (Jo 19,23). A túnica sem costura, veste nobre, era roupa própria do Sumo Sacerdote. Esse simbolismo não foi esquecido pelo evangelista João, que sempre enxerga além dos fatos narrados. Jesus é o Sumo Sacerdote por excelência, como ensina a Carta aos Hebreus (Hb 7,28).

Descendo uma escada, encontra-se a capela da Santa Cruz ou de Santa Helena, que é a gruta onde a Santa identificou a cruz verdadeira de Jesus entre as cruzes abandonadas em uma cisterna do tempo dos romanos. O bispo de Jerusalém Macário obteve de Deus a graça de lhe indicar, por meio de um milagre, qual era a de Cristo. O altar do centro é dedicado a S. Helena, o da esquerda é de S. Dimas, o bom ladrão. Do lado direito temos a descida para a capela do encontro da cruz.

Voltando ao corredor, podemos visitar a chamada "Capela dos impropérios", que recorda os insultos sofridos por Jesus durante sua condenação.

Há outras capelas ainda, dedicadas a S. Tiago, S. João, aos Quarenta Mártires, a S. Abraão e S. Miguel. Nesse lugar em que céu e terra se encontram, era preciso que o céu inteiro estivesse representado e que em todas as línguas se louvasse o Senhor. Porque, se o novo Nome de Deus é Misericórdia, como diz o papa Francisco, foi aqui que aconteceu a maior das misericórdias: um Deus, que morre por suas criaturas!

Cante com a Igreja:

Vitória! Tu reinarás! Ó Cruz, tu nos salvarás!
Brilhando sobre o mundo que vive sem tua luz,
tu és um sol fecundo de amor e de paz, ó Cruz!
(David Julien)

Entrada para o Santo Sepulcro, ou túmulo, onde Jesus foi colocado depois de sua morte

36
Na estrada de Emaús
O renascer de uma esperança

Na tarde de 7 de abril de 1985, Domingo de Páscoa, estive em Emaús com peregrinos latino-americanos. Essa localidade aparece uma só vez no Novo Testamento, na encantadora história dos dois discípulos que caminharam com Jesus 60 estádios (Lc 24,13), ou 160 conforme alguns manuscritos, no próprio dia da Ressurreição, e não o reconheceram até que se sentou à mesa na casa deles e partiu o pão. É Lucas que narra o fato, com sua habilidade de escritor inspirado, fazendo-nos perceber a mudança operada naqueles homens desiludidos e derrotados. Eles sentiram arder seu coração quando Jesus lhes explicava as Escrituras; depois que o Mestre desapareceu de sua vista, sentiram forças para voltarem imediatamente a Jerusalém indo ao encontro dos irmãos.

Antes de chegar à aldeia, vê-se, à esquerda, um dos pontos mais altos da Judeia (985m), *Nabi Samwil*, "o Profeta Samuel", que os cristãos chamaram de "monte da alegria" porque de lá os peregrinos avistavam felizes Jerusalém pela primeira vez. Panorama estupendo!

O lugar que visitamos tem, atualmente, o nome de *El Qubeibeh*, ou seja, "a cúpula". Fica a 11 km a noroeste de

Jerusalém. É sabido que um estádio corresponde a 185 metros, por isso 60 estádios seriam 11,1 km. É exatamente a distância indicada pelo evangelista. Há jardins ao redor da igreja, com flores e passarinhos. *El Qubeibeh*, construída sobre uma fortificação romana chamada *Castellum Emmaus*, foi aonde chegaram os Franciscanos em 1355 e descobriram algumas tradições locais que permitiram identificá-la com a pátria de Cléofas, um dos discípulos de Emaús.

Adquiriram o local e construíram ali em 1901 uma igreja imitando o estilo medieval do século XII. Ela foi construída sobre as ruínas de uma antiga igreja. Em seu interior, são visíveis uns vestígios daquilo que seria a casa de Cléofas.

Na época, não fizeram escavações para conhecer melhor os arredores. Mas, durante a Segunda Guerra Mundial, padres e estudantes italianos aproveitaram o tempo em que estiveram confinados no território para fazer escavações. Em torno da igreja, descobriram restos de uma aldeia do tempo dos Cruzados. Concluíram que o terreno foi habitado desde o século III a.C. até o século VI d.C. No meio da aldeia, passava uma estrada romana que ia de Jerusalém a Cesareia Marítima. Foram encontrados restos de um povoado anterior ao tempo de Cristo e também edifícios do tempo dos Cruzados.

Lembrando o episódio de Lucas capítulo 24, o guia nos explicou que os discípulos reconheceram Jesus ao partir o pão, não por causa do gesto, mas porque dizia preces características. Tivemos a alegria de poder concelebrar a Eucaristia nesse local tão sugestivo. Junto conosco havia peregrinos espanhóis, que entoaram o belo cântico:

Por la calzada de Emaús,
un peregrino iba conmigo.
No le conocí al caminar,
ahora sí, en la fracción del pan.

Emaús é um daqueles lugares da Terra Santa, cuja identificação ainda suscita dúvidas. Há outros lugares que pretendem ser a Emaús bíblica, inclusive *Amwas*, que tem nome parecido. Esse lugar, antigamente chamado Nicópolis, foi também venerado como local do encontro dos dois discípulos com o Ressuscitado. Ele se encontra a 30 km de Jerusalém, o que representa os 160 estádios que constam em alguns manuscritos do Evangelho de Lucas. Essa alternativa é excluída por alguns comentadores, porque seria um caminho longo demais para se fazer indo e voltando no mesmo dia. Mas o historiador Eusébio de Cesareia, no século III, afirma em seu *Onomasticon*, lista de lugares bíblicos, que "Emaús, de onde era Cléofas, que é mencionada no Evangelho de Lucas, é, hoje em dia, Nicópolis, importante cidade da Palestina". São Jerônimo, que traduziu para o latim a obra de Eusébio, narra que esteve em 386 "em Nicópolis, que se chamava Emaús, na qual o Senhor, reconhecido na fração do pão, consagrou em igreja a casa de Cléofas" (Epístola 108). Essa Emaús é citada no AT na história dos Macabeus, pois ali Judas derrotou Nicanor e Górgias (1Mc 3,57–4,25). Por isso o nome Nicópolis, que significa "cidade da vitória".

Além desses dois lugares, outros dois são apontados como o Emaús Bíblico: *Ha-Motsa*, a 6 km a oeste de Jerusalém, e *Abu Ghosh*, a 12 km também a oeste de Jerusalém.

Essa incerteza foi para o papa Bento XVI ocasião para tirar uma bonita lição para nós. Falando aos peregrinos de Roma na saudação do meio-dia, no domingo da Páscoa, 6 de abril de 2008, referiu-se ao fato de não ter sido identificada, com certeza, a Emaús que aparece no Evangelho:

> Existem várias hipóteses, e isto é sugestivo, porque nos deixa pensar que Emaús representa na realidade todos os lugares: o caminho que nos conduz é

o caminho de todos os cristãos, aliás, de todos os homens. Em nossos caminhos, Jesus Ressuscitado faz-se companheiro de viagem, para reavivar em nossos corações o calor da fé e da esperança e o partir do Pão da vida eterna.

Afinal, Jesus está em toda parte e também em nossos corações.

Cante com a Igreja:

Fica conosco, Senhor, é tarde e a noite já vem;
fica conosco, Senhor, somos teus seguidores também.
(Pe. João Carlos Ribeiro)

37
Ascensão, a despedida de Jesus
"Ide e anunciai"

Foi o último lugar da terra em que tocaram os pés de Jesus. Ali do Monte das Oliveiras, Ele ordenou aos Apóstolos que pregassem o Evangelho a toda criatura (Mc 16,15) e depois subiu para o Pai. Por isso, a rocha sagrada, na qual Ele pisou, antes de se elevar ao céu, era venerada. No ano 376, foram construídos um santuário e um mosteiro para os que cuidavam da igreja. No tempo de Constantino, existiu um muito maior, chamado *Embema*, que era octogonal. O edifício atual é redondo, com um diâmetro de 6,60 metros. Nele se conserva a pedra sobre a qual pousaram os pés de Jesus, deixando sua marca. De fato, dentro há uma pedra, na qual mostram traços dos pés de Jesus. "O povo tem necessidade de coisas sensíveis para fundamentar sua fé", foi o comentário de nosso guia.

O edifício atual foi erguido pelos Cruzados e transformado em mesquita pelos muçulmanos em 1187. Nas paredes, há argolas, usadas na festa da Ascensão para estender lonas formando um recinto que é alugado por 24 horas aos cristãos de todas as denominações para suas celebrações.

O panorama que se avista lá de cima é magnífico, é uma visão de 360 graus que mostra Jerusalém em todo o seu esplendor e do lado leste o deserto de Judá, com o vale do Jordão, o mar Morto e as montanhas além dele, o território de Moab.

No lugar chamado *Viri Galilaei* fica o ponto mais alto do monte das Oliveiras (818 m). Este nome latino, "homens da Galileia", recorda as palavras com as quais dois anjos perguntaram aos apóstolos por que continuavam a olhar para o céu na hora da Ascensão de Jesus (At 1,11). Essa área pertence aos gregos ortodoxos e inclui uma igreja dedicada à aparição de Jesus Ressuscitado aos onze discípulos (Mt 28,16). Foi aí que aconteceu o histórico encontro de São Paulo VI, primeiro Papa peregrino na Terra Santa, com Atenágoras, Patriarca ortodoxo de Constantinopla em 5 de janeiro de 1964, que foi o começo do diálogo entre a Igreja Romana e a Ortodoxa para restabelecer a união.

Cante com a Igreja:

Quero ouvir teu apelo, Senhor,
ao teu chamado de amor responder.
Na alegria te quero servir,
e anunciar o teu reino de amor.
E pelo mundo eu vou,
cantando o teu amor,
pois disponível estou
para servir-te, Senhor.
(Ir. Míria T. Kolling)

38
Cesareia
A salvação é para todos

Na Palestina há duas cidades com o nome de Cesareia: Cesareia de Filipe e Cesareia Marítima. A primeira, menos conhecida, foi fundada por Filipe, filho de Herodes Magno, e situa-se no sopé do monte Hermon, nas colinas de Golan, junto às nascentes do Rio Jordão, a cerca de 150 km ao norte de Jerusalém e a 60 km a sudoeste de Damasco. Nesse local, que se chamava também Bânias, Jesus confiou a Simão Pedro a missão de chefiar a Igreja (Mt 16,18).

A outra Cesareia, chamada de "capital romana da Judeia", está na costa do Mar Mediterrâneo, a meio caminho entre Tel Aviv e Haifa, na planície de Sharon. Foi fundada em 25 a.C. pelo rei Herodes Magno, que fez dela um grande porto e uma esplêndida cidade. Chamou-a Cesareia em honra do imperador César Augusto. Tornou-se a sede oficial do Procurador romano: aí residiu Pôncio Pilatos. Nas grandes solenidades, o Procurador romano subia a Jerusalém por razões de ordem pública. É por isso que Pilatos estava na capital quando Jesus foi preso e processado: era a festa da Páscoa. Em 1961, arqueólogos italianos acharam no teatro romano da cidade uma inscrição em latim com o nome de Pilatos.

Do tempo dos romanos, a cidade conserva um hipódromo, um anfiteatro, termas, templos e um esplêndido aqueduto. Há ainda restos do período dos Cruzados: da catedral e da fortaleza que ergueram sobre o palácio dos Procuradores Romanos. Em Cesareia ficava a casa do centurião romano Cornélio, que São Pedro batizou com toda a família, após ter feito um famoso discurso (At 10,48). Na mesma cidade, São Paulo esteve preso dois anos, até ser enviado a Roma para ser julgado (At 24,27).

Dois personagens importantes que viveram em Cesareia são o teólogo Orígenes de Alexandria (185-254) e o historiador Eusébio (265-339), que foi bispo da cidade e é tido como o pai da história da Igreja.

Também na costa do Mediterrâneo fica Jafa, chamada na Bíblia com o nome de Jope e modernamente *Yafo*, agora incorporada à capital Tel Aviv. Foi o porto mais importante da Palestina antiga. Aqui no tempo de Salomão foi desembarcado o cedro do Líbano para a construção do Templo de Jerusalém (2Cr 2,15). No livro do profeta Jonas, consta que aí ele embarcou fugindo de Deus (Jn 1,3). Na história de Pedro, contam-se o milagre que ele fez, ressuscitando Tabita, (At 9,40) e a visão na qual Deus lhe mostrou que também aos pagãos devia ser pregado o Evangelho (At 10,10). Estava proclamado o universalismo da Igreja. Na cidade há uma igreja dedicada a S. Pedro, que é dos anos 1600.

Reze com a Igreja:

Ó Deus, que quereis que todos sejam salvos e cheguem ao conhecimento da verdade, vede como é grande vossa messe e mandai vossos operários, para que seja anunciado o Evangelho a toda criatura e vosso povo, convocado pela palavra de vida e plasmado pela força do sacramento, caminhe pela estrada da salvação e do amor.

39
A igreja de Santana
Uma avó educadora

O dia 8 de setembro é conhecido na tradição católica como o dia do nascimento da Virgem Maria. Mas não sabemos com certeza nem onde nem quando ela nasceu. Teria sido em Nazaré ou na vizinha Séforis, segundo uma tradição medieval. Porém, testemunhos mais antigos localizam em Jerusalém seu nascimento. Seus pais, Joaquim e Ana, eram de Séforis, reconstruída por Herodes Ântipas como sua capital e chamada de "o ornamento da Galileia" pelo historiador Flávio Josefo. As primeiras tradições cristãs localizam o lar de Joaquim e Ana perto do tanque de Betesda, em Jerusalém. O protoevangelho de Tiago, do século II, diz que Maria nasceu em Jerusalém, perto do Templo. Ficava fora da cidade no tempo de Jesus, mas consta que, quando Herodes Ântipas fez novos muros, incluiu no novo recinto moradias preexistentes.

Já no século V os peregrinos veneravam o nascimento de Maria em uma igreja próxima à piscina probática. Os bizantinos construíram uma grande basílica, chamada Santa Maria Probática, sobre os tanques. Danificada pelas invasões persas em 614, ela foi reconstruída, mas depois destruída pelos árabes por volta do ano 1010. Os

Cruzados ergueram um pequeno monastério sobre as ruínas e, em 1030, também fizeram a basílica atual, uma grande igreja românica e a dedicaram a Santana. Foi erguida sobre as grutas onde a memória do local do nascimento da Virgem foi guardada. A igreja de Santana é o monumento mais característico e mais bem conservado da arte dos Cruzados. Sob a igreja está a cripta onde é venerado o nascimento de Nossa Senhora. Na cripta há uma gruta e três cisternas que davam para conter água da chuva suficiente para o consumo de um ano.

A basílica de Santana era coberta de afrescos, destruídos pelos muçulmanos, que no tempo de Saladino a transformaram em escola islâmica. Foi negligenciada sob o império otomano até que, em 1856, o sultão Abdul Megid ofereceu-a para a França, e ela foi confiada aos Missionários da África, ou Padres Brancos, que até hoje mantêm a igreja e nela recebem os peregrinos. Durante a Guerra dos Seis Dias, em junho de 1967, a igreja sofreu muito na cúpula e na fachada com os bombardeios israelenses. Depois de restaurada, foi reaberta ao culto em 1971.

O conjunto da Igreja de Santana é um oásis de paz no meio do tumulto ruidoso dos mercados árabes. É conhecida por sua acústica extraordinária, e os visitantes são convidados a cantar seus hinos de louvor a Deus para depois descerem até a cripta dedicada ao nascimento de Maria. Os visitantes podem chegar até a cisterna onde há restos de água, como uma memória, ou talvez, um convite a todos os que buscam a cura nesse local importante na história da salvação.

Há uma tradição da apresentação de Maria no templo quando era menina, memória celebrada por nossa Igreja a 21 de novembro. O Talmude diz que havia mulheres que trabalhavam cuidando das alfaias do templo; Maria pode ter sido uma delas.

39 - A igreja de Santana

Uma carinhosa devoção a Santana é um forte legado religioso que o Brasil recebeu da Península Ibérica e se manifesta nas muitas cidades que trazem seu nome e nas numerosas igrejas barrocas que ostentam lindas imagens da Mãe de Maria educando sua Filha nas coisas de Deus.

O casal Ana e Joaquim, pais de Nossa Senhora, lembra-nos o quanto são merecedores de nossa gratidão e respeito os idosos; o quanto eles são importantes em uma família bem estruturada e como merecem ser valorizados pela contribuição que prestam à sociedade com sua experiência e sabedoria.

Reze com a Igreja:

Pelos idosos, para que, sustentados com carinho pelas famílias e pelas comunidades cristãs, colaborem com sua sabedoria e experiência na transmissão da fé e na educação de novas gerações: Senhor, escutai nossa prece.

Fachada da Basílica de Santana em Jerusalém

40
A casa de Maria em Éfeso
Memória reencontrada

O quarto evangelho conta que Jesus, antes de morrer, disse ao discípulo que Ele amava, indicando Maria: "Eis aí tua mãe". E acrescenta: "E desta hora em diante o discípulo acolheu-a consigo" (Jo 19,27). Ora, sabemos que São João, o discípulo amado, foi bispo de Éfeso, cidade do oeste da atual Turquia. Será que a levou para tão longe? Ora, nos primeiros anos do Cristianismo, houve em Jerusalém uma violenta perseguição, na qual morreram Estêvão e Tiago, irmão de João. Pedro também foi preso e só não morreu porque foi libertado da prisão (At 12,7). Era, pois, prudente livrar a Mãe de Jesus desse perigo.

Foi por intermédio de uma freira alemã que a casa pôde ser identificada. Ao narrar suas visões, Ana Catarina Emmerich (1774-1824) descreve o local onde se encontrava a casa de Maria nas proximidades de Éfeso. O livro com as revelações foi publicado após sua morte, em 1852. Com essas indicações, em 1891, dois missionários Lazaristas identificaram a casa, que estava em estado de abandono e foi convenientemente restaurada. Fica a 7 km de Selçuk, nome atual da antiga Éfeso, no monte chamado Koressos. Eles ficaram sabendo que a humilde ruína com quatro paredes e já sem o teto vinha sendo venerada por um longo tempo pela população de uma pequena e distante vila de descendentes dos cristãos de Éfeso. A casa era chamada de *Panaya Kapulu*, isto é, "Portal para a Virgem". Na língua turca, seu nome é "Casa da Mãe Maria". Todos os anos, peregrinos visitavam o local no dia 15 de agosto, festa da Assunção de Maria.

Atualmente, é um santuário venerado por católicos e muçulmanos. Bastante simples, todo feito de pedras, tem dois ambientes, sendo um maior que serve de capela e um menor que pode ter sido o quarto de Maria. O lugar já foi visitado por três Papas: São Paulo VI em 26 de julho de 1967, São João Paulo II em 30 de novembro de 1979 e Bento XVI em 29 de novembro de 2006. Essas visitas recentes dos Papas demonstram a veneração que a Igreja tem pelo local, embora não se tenha pronunciado sobre a autenticidade da Casa de Maria, justamente por falta de provas científicas convincentes. A modesta casa de pedra está no meio de um bosque tranquilo e, em sua simplicidade, transmite bem a mensagem da humilde e santa Virgem de Nazaré.

Cante com Santo Afonso:

> Dulcíssima esperança,
> meu belo amor, Maria,
> tu és a minha alegria,
> a minha paz és tu!
> Quando teu nome eu chamo,
> e em ti, Maria, eu penso,
> então um gáudio imenso
> me rouba o coração.

41
Igreja da dormição
"Entra na alegria de teu Senhor"

Essa igreja fica perto do Cenáculo e recorda o trânsito de Maria da vida terrena à vida eterna. "Adormecer no Cristo" é o termo que a Liturgia usa para a passagem dos cristãos para a vida eterna. Por isso, nossa palavra "cemitério" vem de um termo grego que significa "dormitório"; dormitório dos que esperam acordar na ressurreição final.

Sobre Nossa Senhora, não sabemos ao certo se ela morreu ou, simplesmente, adormeceu. Quando definiu em 1950 como dogma de fé a Assunção de Maria ao céu, o papa Pio XII disse que Maria, "terminado o curso de sua vida terrena, foi elevada à glória celeste em corpo e alma". Também não sabemos se ela terminou sua vida em Jerusalém ou em Éfeso, onde também deve ter vivido, pois foi confiada por Jesus aos cuidados do apóstolo João, que foi bispo naquela cidade.

Dentro do Cenáculo, em uma de suas três naves, era venerada a lembrança da Dormição de Maria. Mas pouco a pouco essa lembrança foi esquecida até que, em 1898, visitando a Terra Santa, o imperador Guilherme II da Alemanha obteve do sultão Abdul Hamid um terre-

41 - Igreja da dormição

no vizinho, onde a Sociedade Pró-Palestina de Colônia construiu em estilo românico a atual basílica, terminada em 1906 e entregue aos Beneditinos de Beuron. Artistas Beneditinos cuidaram de embelezar a igreja com mosaicos nas paredes e no pavimento. Uma pintura que chama a atenção é a de Jesus adulto com uma menina no colo. Em vez de Maria carregar Jesus, é o contrário: a menina representa a alma de Maria. Descendo à cripta, encontra-se diante do altar central a estátua de Maria deitada. A igreja precisou ser restaurada após sofrer com os bombardeios das guerras de 1948 e 1967.

Cante com a Igreja:

Com minha Mãe estarei
na santa glória, um dia;
junto à Virgem Maria,
no céu triunfarei.
No céu, no céu,
com minha Mãe estarei.
(D.R.)

Igreja da dormição em Jerusalém

42
Túmulo de Maria ou Igreja da Assunção
A glória reservada à Mãe de Deus

Trata-se da cripta-santuário que conserva, segundo a tradição, o sepulcro de Maria, onde ela repousou até ser elevada ao céu em corpo e alma. Fica no vale do Cedron, aos pés do Monte das Oliveiras. Um apócrifo do século II conta que havia três grutas e que em uma delas foi deposto o corpo de Maria. Desde o século V, houve uma igreja, restaurada em 1130 pelos Cruzados. Foi então construído um mosteiro beneditino que os soldados de Saladino destruíram em 1187. O túmulo de Maria, porém, foi poupado. Os Franciscanos obtiveram do sultão do Egito sua posse em 1303, mas foram expulsos de lá pelos muçulmanos em 1757, instigados pelos gregos ortodoxos, que, desde então, são os proprietários do local.

Para entrar na igreja, é preciso descer uma ampla escadaria de 43 degraus. Como toda igreja dos orientais, essa também sobressai pelo número de lâmpadas penduradas e pela beleza dos ícones. A capela da esquerda é dedicada aos Santos Joaquim e Ana, ao passo que a da direita é a capela de São José. Em 1972, Frei Belarmino Bagatti, OFM, fez o exame arqueológico do monumento,

42 - Túmulo de Maria ou Igreja da Assunção

distinguindo as partes originais e as adaptações feitas. Encontrou íntegro o banco de pedra, característico de uma pedra sepulcral do século I. Não acharam *grafitti*, mas sim vários túmulos do tempo de Jesus. A cripta é do século IV. Houve um cemitério dos Cruzados em frente à igreja. É obra deles a fachada da igreja atual. O edifício serviu também de mesquita, da qual restou ainda o *mihrab*, pois os muçulmanos têm grande veneração pela Mãe de Jesus. Comentando isso, um dos guias que tivemos em Jerusalém alfinetou certos teólogos católicos dizendo que o Alcorão fala de Maria melhor do que eles. A tradição afirma que Maria tinha 64 anos quando partiu deste mundo.

Reze com Santo Afonso:

Santíssima Virgem Maria, recebei-me por vosso servo e acolhei-me debaixo de vosso manto, ó Mãe de misericórdia. E já que sois tão poderosa junto de Deus, livrai-me de todas as tentações ou impetrai-me forças para vencê-las até a morte. A vós suplico o verdadeiro amor a Jesus Cristo; de vós espero alcançar uma boa morte. Minha Mãe, pelo amor que tendes a Deus, peço-vos que me ajudeis sempre, mormente no último instante de minha vida. Não me abandoneis enquanto não me virdes já salvo no céu, a bendizer-vos e a cantar vossas misericórdias, por toda a eternidade. Assim o espero. Assim seja.

43
Jerusalém moderna
Transmitir uma cultura milenar

Ao regressar a Jerusalém em 1985, passados 18 anos desde que escapei de lá terminada a Guerra dos Seis Dias, qual não foi a minha decepção ao ver os arredores da capital dominados por monótonos conjuntos habitacionais de gosto discutível, poluindo a paisagem idílica das aldeias dos arredores! O norte de Jerusalém está tomado por esses blocos residenciais que acabaram com a poesia dos pequenos vilarejos vizinhos, como a bucólica Anatot, pátria de Jeremias (Jr 1,1), hoje irreconhecível.

Em hebraico, o nome da Cidade Santa é *Ierushalaim*, e os árabes dão-lhe o nome de *El Quds*, "a Santa".

Nossa visita à Jerusalém moderna começou na Knesset, que é o Parlamento de Israel. É um edifício quadrangular, terminado em 1966. Contém tapeçarias e mosaicos do artista Marc Chagall (1887-1985). Com mínimas exceções, as Embaixadas dos países permanecem em Tel Aviv, embora Israel tenha proclamado Jerusalém como sua capital eterna e indivisível, posição que a ONU não acata.

Diante da porta principal da Knesset, está a *Menorá*, gigantesco candelabro de sete braços, todo de bronze, decorado com personagens e cenas da história dos judeus. Foi um dom do Partido Trabalhista Britânico em 1956. A palavra *menorá* significa "lâmpada", termo aplicado à Palavra de Deus, que nos ilumina (Sl 119,105). Sua forma parece a de uma árvore estilizada, representando Israel que eleva os braços a Deus em prece. Segundo outros, os sete braços lembram os sete dias da criação. No tempo dos Macabeus, acrescentaram mais dois braços e assim surgiu o candelabro de 9 braços, que serve para se acender uma vela por dia no novenário da festa da Dedicação ou *Encênia*, em grego, *Hanuká* em hebraico. Essa festa é mencionada no Evangelho de João 10,22.

O candelabro fazia parte do mobiliário do Templo e se tornou um símbolo da nação israelense, como a Estrela de Davi. Está ligado ao Judaísmo, mas há igrejas cristãs que o utilizam para simbolizar os sete Dons do Espírito Santo. O mais famoso candelabro é o que os romanos levaram do templo de Jerusalém para Roma no ano 70 d.C., quando tomaram a cidade. Era todo de ouro, tinha 1,5 m de altura e pesava 60 quilos. No Arco de Tito, em Roma, há um relevo representando a cena dos soldados carregando o candelabro entre os espólios capturados no templo.

Perto da Knesset, está o mosteiro ortodoxo de Santa Cruz, fundado na segunda metade do século V. Seu nome está ligado à Cruz de Cristo, cuja origem esta deliciosa lenda pretende explicar: Adão plantou ali uma oliveira, que Abraão cultivou e Ló regou com água do Rio Jordão. Da árvore foram tiradas tábuas que Salomão usou para construir o templo e no tempo de Jesus foi com elas que foi feita sua Cruz.

Mais adiante, visita-se o Museu de Israel, que guarda preciosos objetos de várias épocas encontrados nas múltiplas escavações. Uma parte que chama a atenção é o Santuário do Livro, que guarda os Manuscritos do Deserto de Judá, achados nas grutas de Qumran. A cúpula redonda do edifício lembra a tampa das jarras em que foram achados os manuscritos e que os preservaram intatos durante dezenove séculos. Aí estão os textos do mosteiro de Qumran, os manuscritos de Nahal Hever e de Massada, que foi escavada por Ygael Yadin, ex-presidente de Israel. Em Nahal Hever, acharam cartas de Simeão Bar Cochbá, líder da terceira guerra judaica contra Roma, no tempo do imperador Adriano. O Rabi Aqibá, reconhecendo-o como o Messias guerreiro, mudou-lhe o nome de Bar Kosiba para Bar Cochbá, "filho da Estrela". Teve um fim trágico sendo derrotado e morto pelos romanos em 135 d.C. com mais 580 mil judeus.

Outra visita a fazer é ao Monte Herzl, de 834 m, que tem o nome do fundador do moderno sionismo político, Theodor Herzl (1860-1904). Ele era um jornalista inglês que participou no processo Dreyfus (1894) e, diante da injustiça cometida no processo, entendeu que os judeus precisavam se organizar. Nesse monte, localiza-se o *Yad Vashem*, museu e memorial do Holocausto. É onde os soldados judeus são sepultados. É o memorial dos milhões de judeus mortos pelo nazismo. Ali no bosque cada visitante pode plantar uma árvore, que terá uma placa com seu nome.

Cante com a Igreja:

Nós buscamos a vida em ti, Senhor,
pois sustentas com ela nosso amor;
e pedimos concedas cada dia
a paz que Tu, somente Tu, nos podes dar.
Onde há ódio, levemos o amor;
onde há ofensa, levemos o perdão,
para que reine em cada coração
tua paz, que é fruto do amor.

44
"Não se aventurar na Geena!"
"A glória de Deus é o homem vivo"

No final do ano escolar 1966-1967, vivíamos em Jerusalém um clima de apreensão com os rumos que estava tomando a situação internacional entre árabes e judeus. A Cidade Santa ainda estava dividida entre Jordânia e Israel. Mas a situação parecia prestes a mudar, como de fato ia acontecer. O orgulho nacionalista do presidente egípcio, Gamal Abdel Nasser, arrastava os vizinhos árabes a suas posições extremistas; nem a própria Jordânia, mais moderada, conseguia livrar-se da pressão de seus pares.

Cada vez mais se ouvia falar de incidentes na fronteira e de tiroteios na "Terra de Ninguém". Havia sinais de guerra iminente e preparativos: noites escuras, sem poder acender qualquer luz, o blecaute. Mas, quando o inimigo mora ao lado, de que adianta ficar no escuro?

Uma área especialmente sensível ficava no sul da cidade, onde a fronteira era mal sinalizada e facilmente se passava de um lado para o outro. Ali o vale do Cedron se encontrava com o vale de Enom, em hebraico *Gê--Hinnom*. Era a "geena", tristemente famosa na história dos hebreus, desde os tempos em que o Levítico teve de proibir expressamente os sacrifícios de crianças a deuses pagãos que lá eram praticados (Lv 18,21). Nesse incinerador eram lançados também os resíduos da cidade para serem queimados, um lugar onde "o fogo não se apaga" (Mc 9,48). Jesus utilizou a imagem daquele lixão para designar o lugar maldito reservado para o castigo dos maus, o "inferno". Em Mt 18,9, ele falou expressamente da geena de fogo.

Certo dia, o Diretor da École Biblique, Pe. Pierre Benoit, achou bom nos avisar: *Ne vous enfoncez pas trop dans la géhenne!* Não se aventurem para dentro da geena, queria dizer, porque podíamos ter surpresas desagradáveis.

Eu estava bem lembrado do aviso do Pe. Benoit quando, na tarde de 27 de novembro de 1966, andava calmamente no Cedron tirando fotos, quando, de repente, seis soldados desceram de um jipe e me rodearam. Percebi que eram soldados da Jordânia, país onde eu residia legalmente como estudante. Conforme o princípio "quem não deve não teme", simplesmente apresentei meu passaporte brasileiro, documento essencial nas horas de aperto. Na época, eu usava barba, e isso pode ter provocado suspeitas, porque os árabes costumam usar apenas bigode. Claramente, eu não era de lá.

Entre as poucas frases em árabe que eu já sabia, achei uma rapidamente para declarar minha nacionalidade: *Ana min Brazilie*, "sou brasileiro". Podia ter falado alguma saudação, como *As salam aleiqon*, "paz para vocês", tomando o cuidado de não falar *shalom*, que indicaria que eu era "do outro lado". Eu não estava na geena, estava a 1 km de lá, só que na véspera tinham imposto o toque de recolher. "E agora? Que vai acontecer comigo?" Simplesmente nada. O susto passou. Deixaram-me ir livre. Respirei aliviado.

Lá perto há um lugar que muita gente procura visitar: o *Hacéldama*, ou "campo de sangue". Conforme tradição muito antiga, e provavelmente autêntica, é aquele terreno, citado nos Evangelhos, que foi comprado com as 30 moedas de Judas para sepultar forasteiros. Esse nome aramaico se refere ao fim trágico do apóstolo, que, antes de morrer, atirou no templo as moedas recebidas como preço de sua traição. Elas não podiam ser depositadas no tesouro do templo, por serem "preço de sangue", o sangue do Mestre (Mt 27,5ss e At 1,19).

Esse lugar nos faz pensar na dramática figura de Judas, o apóstolo traidor. "Judas é um personagem difícil de entender; há tantas interpretações sobre sua personalidade. (...) Ele se retira sufocado por sua culpa. Quem sabe, se ele tivesse encontrado Maria, as coisas teriam sido diferentes, mas o pobre homem se afasta, não encontra uma saída e se enforca" (Papa Francisco, *O Pai Nosso*, p. 84). Quando Jesus nos disse que somos luz do mundo e sal da terra (Mt 5,13s), indicava certamente nossa missão de transmitir aos irmãos o verdadeiro sentido da vida. Assim como o sal dá sabor aos alimentos, assim nossas palavras e atitudes devem ajudar os irmãos deprimidos e desorientados a descobrirem que, na mente do Criador, cada ser humano tem um papel único na história. Somos todos filhos de Deus, portanto cada um, cada uma é importante para Ele.

Reze com a Igreja:

Ó Deus, que na loucura da cruz manifestais quanto está distante vossa sabedoria da lógica do mundo, dai-nos o verdadeiro espírito do Evangelho, para que, ardentes na fé e incansáveis na caridade, tornemo-nos luz e sal da terra.

45
Guerra na Cidade Santa
A difícil construção da paz

O que a gente mais temia aconteceu. Em 23 de maio de 1967, o Egito de Gamal Abdel Nasser fechou o estreito de Tirana, na entrada do golfo de Aqaba; decisão que Israel considerou como *casus belli*, ato de guerra. Exércitos foram mobilizados e ficaram frente a frente, prontos para o combate. Quem começou a guerra? Até hoje se discute.

Na manhã de 5 de junho, segunda-feira, alto-falantes mandavam todos os civis voltarem para casa. Às 11h22, começaram a cair bombas perto de meu quarto. Consegui correr até o refeitório às 12h40 para o almoço. Esqueci-me de levar comigo dinheiro e documentos, então voltei ao quarto às 14 horas para buscá-los. Passamos o recreio na sala comum, depois descemos para o corredor. Os colegas jogavam baralho ou tocavam violão. Para nos acalmar, foi dito que tínhamos comida suficiente para uma semana. Estava começando a chamada "Guerra dos Seis Dias", que em Jerusalém ia durar apenas três. Mas ninguém poderia prever isso. E nossa casa servia de refúgio antiaéreo e, então, era acessível para civis jordanianos. Israel lutava em três frentes, contra o

Egito, a Jordânia e a Síria. Nesse primeiro dia, os árabes perderam 400 aviões, muitos no próprio aeroporto. Forte tiroteio à noite. Dormi na sacristia. Os objetivos visados estavam perto de nós.

Dia 6: já de manhã, dizia-se que estávamos cercados pelo exército israelense. Nossa Escola ficava do lado árabe, mas bem perto da fronteira com Israel. Às 8h algo explodiu dentro de nosso corredor. Pouco depois apareceu um soldado com uma metralhadora e nos disse: *Shalom*, "bom dia". Mandou todo mundo sair.

– "Sair para onde?" – perguntou o Pe. Roland de Vaux.

Pois os combates já eram perto de nossa Escola. Íamos saindo, mas o soldado exigiu todo mundo com as mãos para o alto. Iam fazer inspeção na Escola. Mandaram três da Comunidade ficarem como reféns, que seriam eliminados caso encontrassem algum soldado inimigo dentro. Três frades franceses, bem velhinhos, ofereceram-se. Nós, os residentes na Escola, fomos dispostos em uma grande roda, para os soldados verem bem a cara de cada um, à procura de algum árabe infiltrado. Identificaram três como suspeitos: justamente nós, os três brasileiros. Mas o passaporte esclareceu nossa identidade e a suspeita acabou. Mulheres e crianças abrigadas na Escola só à noite puderam voltar para dentro. Dos homens não tivemos notícia. Ouvia-se barulho de tanques circulando pelas ruas. Nesse segundo dia, as baixas dos árabes foram de 200 tanques. Os israelenses começaram a atacar a Cidade Velha; inclusive houve bombardeio aéreo nos muros.

No dia 7 parecia tudo calmo, a tal ponto que fizemos uma reunião de toda a comunidade às 8h. Às 10h, bombas fortíssimas estouraram dentro de nosso prédio. Na torre da igreja, atingida por tiros de canhão, morreram dois soldados israelenses e um terceiro foi ferido gravemente. Uma parte da torre ficou destruída. Note-se que lá as edificações são todas feitas de pedras lapidadas e não de tijolos. Descemos todos para a adega e passamos o dia no subterrâneo, os árabes na sala do centro e nós nas outras salas. Nesse dia nossa comida foi só um pequeno pedaço de queijo com doce e mais tarde salame com ervilhas. O bombardeio cessou. Soubemos depois que às 10 da manhã a Cidade Velha se tinha rendido. Os israelenses entraram em Jerusalém pela porta de Santo Estêvão.

No dia 8 já era possível sair no jardim e constatar a destruição: pedras caídas da torre, buracos no chão onde caíram os obuses, os carros no estacionamento com perfurações provocadas por granadas. Meu quarto estava arrombado e levaram objetos como gravador e máquina fotográfica. O dia foi tão calmo que até tivemos aula às 10 da manhã e também às 15h30, que foi sobre os reis magos, como estou bem lembrado. No rádio, dizia que a Jordânia aceitou o cessar-fogo às 10h do dia anterior. Os israelenses ocuparam as terras até o Rio Jordão. Na Síria continuava a guerra, mas o Egito já tinha recuado na península do Sinai. Tentaram romper o cerco dos israelenses e acabaram perdendo 130 tanques. O estreito de Tirana foi reaberto. Em meu diário, anotei que nesse dia ajudei na cozinha e também trabalhei na biblioteca.

Dia 9 foi dada licença para sair de casa entre 9h e 15h. Saí com um colega mexicano e percorremos algumas ruas. A Cidade Velha tinha marcas do bombardeio aéreo na parte nordeste. A igreja de Santana foi a que mais sofreu e, mesmo assim, três bombas não explodiram. Várias casas ficaram destruídas. Depois de impedidos por muitos anos, voltavam àquela parte da cidade ônibus e carros de Israel. As casas comerciais estavam abertas. Até mesmo o correio funcionou, de modo que não perdi tempo e mandei carta para meus pais no Brasil e para os confrades de Roma. Rapidamente, os novos donos de Jerusalém demoliram todas as casas próximas ao Muro das Lamentações para abrir uma grande praça. Entre os árabes, uns diziam que teria sido melhor morrer do que viver sob o domínio dos judeus; outros apenas levantavam o dedo indicador para dizer que tudo isso era vontade de Alá.

Na contagem das vítimas, consta que houve 650 judeus mortos e 2 mil feridos; e do lado árabe falava-se de 14 mil perdas. A Jordânia, que era o país mais moderado, foi o que ficou mais mutilado. Mas parece que não havia outra saída para o rei Hussein: se não entrasse na guerra, teria os outros países árabes contra ele. Graças a Deus, em nossa École, ninguém ficou ferido, nem os residentes nem os que lá se abrigaram. Por um capricho da Providência, na semana seguinte, encontrei no porto de Haifa o navio Dan, que estava partindo para Veneza. Depois de quatro dias de navegação, com paradas em Chipre e na Grécia, chegamos ao destino. Nunca imaginei que seriam tão tumultuados meus últimos dias de estudante em Jerusalém...

Cante com São Francisco de Assis:

"Senhor, fazei-me instrumento de vossa paz!
Onde houver ódio, que eu leve o amor;
onde houver ofensa, que eu leve o perdão;
onde houver discórdia, que eu leve a união;
onde houver dúvida, que eu leve a fé;
onde houver erro, que eu leve a verdade;
onde houver desespero, que eu leve a esperança;
onde houver tristeza, que eu leve alegria;
onde houver trevas, que eu leve a luz.
Ó Mestre, fazei que eu procure mais

consolar que ser consolado;
compreender que ser compreendido;
amar que ser amado.
Pois é dando que se recebe,
é perdoando que se é perdoado
e é morrendo que se vive para a vida eterna."

Moshe Dayan, ministro da defesa, e Yitzhak Rabin, chefe de gabinete do governo de Israel, acompanhados por generais israelenses, entram na parte velha de Jerusalém em 1967

Para entender a história

Vão aqui algumas datas e alguns fatos principais que marcaram a história da Terra Santa.

1800 – Abraão vem de Ur para Canaã e chega a Siquém.
1250 – Os hebreus saem do Egito chefiados por Moisés.
1220 – Josué guia o povo na conquista da terra prometida.
1030-587 – Época dos reis e dos grandes profetas.
587-538 – Exílio em Babilônia.
538-333 – A Palestina sob o domínio dos persas.
333-63 – A Palestina sob o domínio dos gregos.
63 a.C – A Palestina passa a ser dominada pelos romanos.
70 d.C. – Jerusalém e o Templo são destruídos pelos romanos.
136 – Adriano modifica o traçado de Jerusalém e dá-lhe o nome de Aelia Capitolina.
326 – Santa Helena, mãe de Constantino, vai à Terra Santa e manda construir as basílicas da Natividade, do Santo Sepulcro e da Eleona. Começa então o período bizantino: três séculos de florescimento da vida cristã. Intensificaram-se as peregrinações e fundaram-se centenas de mosteiros.
614 – Os persas, chefiados por Cósroes II, conquistam a Palestina e destroem igrejas e monumentos. Da destruição geral, salva-se a basílica da Natividade.

637 – Jerusalém é conquistada pelo califa Omar, dando início ao domínio muçulmano. É construída a mesquita de Omar na esplanada do templo.
1009 – O califa Al-Hakim dos Fatimidas do Egito destrói a igreja do Santo Sepulcro.
1099 – Os Cruzados conquistam Jerusalém e lá instauram um reino latino.
1187 – Saladino derrota os Cruzados e declara propriedade do Estado todas as igrejas e todos os monumentos eclesiásticos.
1335 – Os Franciscanos obtêm o direito de estabelecerem-se em Jerusalém, no convento construído ao lado do Cenáculo, como representantes dos católicos de rito latino. Nascia a Custódia da Terra Santa.
1517 – Começa o domínio dos Otomanos que se estenderá até 1917.
1542 – Suleiman, o Magnífico, constrói os muros atuais de Jerusalém.
1917 – A Palestina é entregue ao Mandato Britânico.
1948 – Nasce o Estado de Israel por decisão da ONU.

Índice das citações bíblicas

ANTIGO TESTAMENTO

Gênesis
Gn 12,7 65
Gn 13,15 12
Gn 13,18 11
Gn 14,17 99
Gn 18,1s 12
Gn 18,2 126
Gn 22,2 101
Gn 33,19 66
Gn 35,19 34

Êxodo
Êx 3,2 16
Êx 3,5 16
Êx 16,19 88

Levítico
Lv 18,21 160

Números
Nm 13,23 .... 11, 13
Nm 20,23 19

Josué
Js 3,17 69
Js 6,20 82
Js 15,7 80
Js 15,58 31
Js 19,15 34
Js 24,14 66
Js 24,32 66

Juízes
Jz 3,13 81
Jz 4,12 60

Rute
Rt 1,22 34
Rt 2,3 37

1 Samuel
1Sm 16,13 35

2 Samuel
2Sm 2,4 13
2Sm 5,6 93

1 Reis
1Rs 18,20-40 23
1Rs 18,41-46 24

2 Reis
2Rs 2,11 69
2Rs 2,21 82

2 Crônicas
2Cr 2,15 146
2Cr 3,1 .... 64, 101
2Cr 32,30 99

Esdras
Esd 4,2-5 64
Esd 6,14s 101

Neemias
Ne 3 93
Ne 3,15 99

1 Macabeus
1Mc 3,57-4,25 141
1Mc 5,25 19

Salmos
Sl 22,1 50
Sl 24,3s 16
Sl 32,5-7 124
Sl 46,8 92
Sl 87,5 105
Sl 89,13 60
Sl 117,1 133
Sl 119,105 157
Sl 122,6s 95
Sl 143,8-10 91

Cântico dos Cânticos
Ct 1,14 78

Eclesiástico
Eclo 24,18 83
Eclo 48,19 99

Isaías
Is 1,3 35
Is 7,14 99
Is 35,2 22
Is 36,1s 99
Is 41,8 11
Is 56,7 103

Jeremias
Jr 1,1 156
Jr 31,38 122

Joel
Jl 4,2 120

Jonas
Jn 1,3 146

Miqueias
Mq 5,1 35

Habacuc
Hab 3,2 35

Ageu
Ag 1,8 101

Malaquias
Ml 3,20 38

NOVO TESTAMENTO

Mateus
Mt 3,1 69
Mt 3,2 70
Mt 3,17 70
Mt 4,8 83
Mt 4,13 43
Mt 5,3-9 52
Mt 5,13s 161
Mt 5,43 75
Mt 5-7 51
Mt 6,9-13 87
Mt 9,1 43
Mt 9,9 43
Mt 9,10 45
Mt 9,20-22 123
Mt 11,23 44
Mt 16,13 68
Mt 16,18 145
Mt 17,1s 60
Mt 17,9 62
Mt 18,9 160
Mt 26,6-13 84
Mt 26,36 114
Mt 26,39 116
Mt 27,5ss 161
Mt 27,33 127

Índice das citações bíblicas

Mt 27,51 136
Mt 28,16 144

Marcos
Mc 2,4 45
Mc 3,21 28
Mc 5,19 8
Mc 9,48 160
Mc 10,52 82
Mc 14,52 117
Mc 15,21 123
Mc 15,22 127
Mc 15,39 137
Mc 16,15 143

Lucas
Lc 1,37 31
Lc 1,39-56 31
Lc 1,49 32
Lc 1,56-80 31
Lc 1,68 32
Lc 1,80 75
Lc 2,7 37
Lc 2,8 37
Lc 2,10s 37
Lc 2,22 104
Lc 2,45 65
Lc 2,46 104
Lc 4,24 29
Lc 9,13 55
Lc 10,23s 126
Lc 10,30 80
Lc 10,30-37 63
Lc 11,1-4 87
Lc 11,7 45
Lc 12,48 8
Lc 13,4 100
Lc 15,8 45
Lc 17,11-19 63
Lc 19,4 82
Lc 19,41 89

Lc 19,44 .... 90, 102
Lc 22,12 111
Lc 22,61 119
Lc 23,28 124
Lc 24,13 139

João
Jo 1,28 84
Jo 1,46 25
Jo 2,1 41
Jo 2,20 102
Jo 4,7-42 63
Jo 4,14 66
Jo 4,20 64
Jo 4,26 67
Jo 4,29 67
Jo 4,40ss 67
Jo 5,2 96
Jo 5,7 96
Jo 6,51 .... 46, 55
Jo 7,42 38
Jo 9,5 98
Jo 10,10 97
Jo 10,22 157
Jo 11,17 84
Jo 11,25 85
Jo 11,38 85
Jo 12,10 85
Jo 17,21 113
Jo 18,2 117
Jo 18,6 117
Jo 19,13 123
Jo 19,23 137
Jo 19,27 150
Jo 19,34 128
Jo 19,42 128
Jo 20,31 97
Jo 21,2 .... 25, 42
Jo 21,11 49
Jo 21,19 48

Atos dos Apóstolos
At 1,11 144
At 1,19 161
At 2,5 105
At 3,7 104
At 9,40 146
At 10,10 146
At 10,48 146
At 12,7 150
At 12,12 111
At 21,28 122
At 24,27 146

1 Coríntios
1Cor 15,14 128

Efésios
Ef 2,14 90

Hebreus
Hb 5,7 115
Hb 7,28 137
Hb 11 13
Hb 13,2 20

Tiago
Tg 2,23 11

Índice

Prefácio 3
Apresentação 7
1. Com os Patriarcas em Hebron 11
2. No alto do Monte Sinai 14
3. Por onde os hebreus caminharam 18
4. A Mensagem do Monte Carmelo 22
5. Nazaré 25
6. Ain Karem 30
7. Belém 34
8. Caná 41
9. Cafarnaum 43
10. O lago de Jesus 47
11. O monte das bem-aventuranças 51
12. Os pães multiplicados 54
13. A Igreja do primado de Pedro 57
14. Tabor 60
15. Os Samaritanos e sua Páscoa 63
16. O Rio Jordão 68
17. O Mar Morto 71
18. Qumran 73
19. Massada 78
20. Jericó 80
21. Betânia 84
22. O Pai-Nosso 87
23. E Jesus chorou... 89
24. Os muros de Jerusalém 92
25. O Tanque de Betesda 96
26. A piscina de Siloé 98
27. O Muro das Lamentações 101
28. Ramos que entoam Hosanas 105
29. O Cenáculo: Eucaristia e Pentecostes 109
30. O jardim da agonia 114

31. São Pedro *in Gallicantu* 119
32. O Caminho da Cruz 121
33. O Calvário 125
34. Celebrando a missa no Calvário 130
35. O Santo Sepulcro 134
36. Na estrada de Emaús 139
37. Ascensão, a despedida de Jesus 143
38. Cesareia 145
39. A igreja de Santana 147
40. A casa de Maria em Éfeso 150
41. Igreja da dormição 152
42. Túmulo de Maria ou Igreja da Assunção 154
43. Jerusalém moderna 156
44. "Não se aventurar na Geena!" 159
45. Guerra na Cidade Santa 162

Para entender a história 167
Índice das citações bíblicas 169

Este livro foi composto com as famílias tipográficas Bodoni e Segoe UI
e impresso em papel Offset 63g/m² pela **Gráfica Santuário.**